だいわ文庫

# ゆるい生き方

ストレスフリーな人生を手に入れる60の習慣

本田直之

大和書房

# カリカリライフをやめたいあなたへ

「いつも気忙《きぜわ》しくてイライラしている」
「ビジネス書を読んでもしっくりこない」
「効率化するほどストレスになる」

本書は、そんな悩みを抱えたあなたにこそ読んでほしい1冊です。

現在、ビジネス各誌では定期的にスピード化や効率化の特集が組まれています。そしてわたし自身も、これまで「レバレッジ」シリーズとして効率的に結果を出すための読書術や時間術、勉強法などの著書を上梓してきました。

ところが最近になって、「効率化するほどストレスになる」という人が増えているようです。ビジネス書もたくさん読んでいるし、勉強しているし、セミナーなどにも積極的に参加している。そんな意欲のある人ほど、なんとなく疲れや違和感、ストレスを感じてしまうと言います。わたしもこれらの声を耳にするたび、なぜそうなるのか考えてきました。そして気がついたのは、「ワークスタイル」と「ライフスタイル」の問題です。ビジネス書などで紹介される効率化の目的は、あくまでも仕事です。ビジネスの場面では物事を徹底的に効率化する。あらゆるムダを排除して、最小の労力で最大限の効果を上げる。この考え方にはなんの問題もありません。

一方、プライベートはどうでしょうか。もしもプライベートにまで「ムダを排除して効率化」という考え方が及んでいるようなら、ストレスがたまってしまうのも当然でしょう。いつもなにかに追われ、人間関係のトラブルに巻き込まれ、ヘトヘトになっていくに違いありません。

ここは非常に大切なところで、「ワークスタイル」はいつの間にか我々の「ライフスタイル」を侵食してしまう性質を持っています。**働き方が、そのまま生き方になってしまうのです。**

それでは、どうすれば「ワークスタイル」と「ライフスタイル」を別個のものとして扱い、ストレスのない毎日を送ることができるのでしょうか？

わたしはそのヒントを、ハワイの地で得ることができました。

## ストレスのない毎日を送るために必要なこと

現在、わたしは1年のうち5ヵ月がハワイ、3ヵ月が東京、2ヵ月が日本の地方、残りの2ヵ月がヨーロッパやアジアで過ごしています。すると面白いことに、ハワイにいると日常のストレスを感じることがありません。車を運転しているときも、街に出て食事や買い物をしているときも、あるいは仕事をしているときでさえ、まったくストレスを感じないのです。

ところが、東京に戻るとそのマインドは長続きしません。周囲のカリカリした空気に流され、気がつくと自分までハワイにいたときのゆったりした心を見失い、またハワイに戻って取り戻す、という日々が続いていました。

どうしてハワイだとリラックスできて、東京ではそれができないのか？

きっと多くの人は、この違いを「人間性」や「気候」や「土地柄」のせいだと思われるでしょう。ハワイという南国ならではの気候、リゾート地という土地柄がそうさせているのだ、と。わたしも当初はそう思っていました。

しかし、本当の理由はまったく別のところにあったのです。

## 人の感情は伝染する

ハワイにいると日常のストレスを感じない理由、それは「人」です。もっと具体的にいうなら、「人の習慣」です。

**人の感情は伝染します。**

たとえば歩道を歩いているとき、周りの人がみんな早足で歩いていたら、なんとなく自分も早足になるものです。また、信号が変わりそうだと誰かが駆け出したら、周りの人たちもつられて駆け足になります。

あるいは、満員電車の中で隣の人に押されたら、思わず押し返してしまうという人も多いでしょう。普段は真面目で温厚な人なのに、ついカッとなって押し返す。そんなイライラが伝染していくことで、車内に嫌な空気が充満していくわけです。

一方、こんな話はハワイではまず考えられません。

ハワイに暮らす人たちは、いい意味で「ゆるい」のです。道を急ぐこともなければ、誰かと争うこともしません。むしろ「アロハ・スピリット」と呼ばれる譲り合いの精神、分かち合いの精神を大切にしています。

そして日本で生まれ育ったわたしのような人間も、ハワイに行くと彼らの精神に感化され、心にゆとりを持って譲り合い、分かち合うことができるようになります。もちろん無用なストレスを感じることもありません。

さて、ハワイで得られる心地よさの理由が、ハワイアンたちの「ゆるい習慣」にあるのだとしたら、**当然これは日本においても実践できるはずです。**

実際のところ、いまのわたしは日本にいてもつまらないストレスに悩まされることはありません。**ストレスとは無縁の「思考法」「環境」「行動」を、**

**日常の中に取り入れているからです。**

そしてわたし自身がゆるく生きるようになると、その空気は周りの人たちにも伝染していきます。周りの人たちもゆるく、楽しく、優しくなっていきます。すると、ますますわたしがストレスを感じる機会もなくなり、いい循環ができてくるのです。

## 「ゆるい」と「サボる」の違いとは？

本書で紹介する「ゆるい生き方」とは、ダラダラしたりサボったりすることではありません。ダラダラとサボることとは、その場に停滞することです。

一方の「ゆるい生き方」とは、ゆっくりと構えながらも目的地に向かって確実に前進することです。

たとえば、車の運転などはわかりやすい例でしょう。

車を運転していると、どうしても急いでしまう人がいます。少しでも前に行こうと車線変更をくり返し、合流しようとしている車に道を譲らず、速度オーバーはもちろん信号無視さえ辞さないような人たちです。彼らは運転中いつもイライラして、周りの車や歩行者を汚い言葉で罵《のの》ってクラクションを鳴らします。こんな乱暴な運転を続けていると、ストレスが溜まるのはもちろん、事故に遭う確率も高くなってしまうでしょう。

しかしここで考えてほしいのは、仮に制限速度を守って合流する車に道を譲ったとしても、到着時間は10分程度しか変わらない、ということです。どんな遠くに出掛けたときでも、急いだところでせいぜい20〜30分程度しか変わりません。

だったら10分早く家を出てゆっくり運転すればいい、というのがわたしの考えです。そうすれば事故に遭うリスクも減るし、ストレスもなくなるし、ちゃんと時間通りに到着することができます。もっと極端な話をすれば、遊びに行くのに10分程度遅れたところで、まったく問題ないのです。

ちなみに、ダラダラすることを車の運転にたとえると、目的地も決めないままぐるぐると回っているようなものだと考えてください。それはそれで楽しいドライブになるかもしれませんが、どこにたどり着くこともできないリスクだけは頭に入れておくべきでしょう。

## ゆるさのポイントは「縛られない」こと

ここまでの「仕事は効率的に」「プライベートはゆるく」という話から、〝ワークライフバランス〟という言葉を思い浮かべた方も多いでしょう。ですが、わたしは世間で言われるようなワークライフバランス的発想は、あまり好きではありません。

というのも、ワークライフバランス的な発想では、仕事もプライベートも中途半端になってしまう可能性があるからです。なにかの片手間として仕事をして、なにかの片手間として遊ぶ。これでは、どちらも中途半端なまま終わってしまいます。

## ワークスタイルとライフスタイル

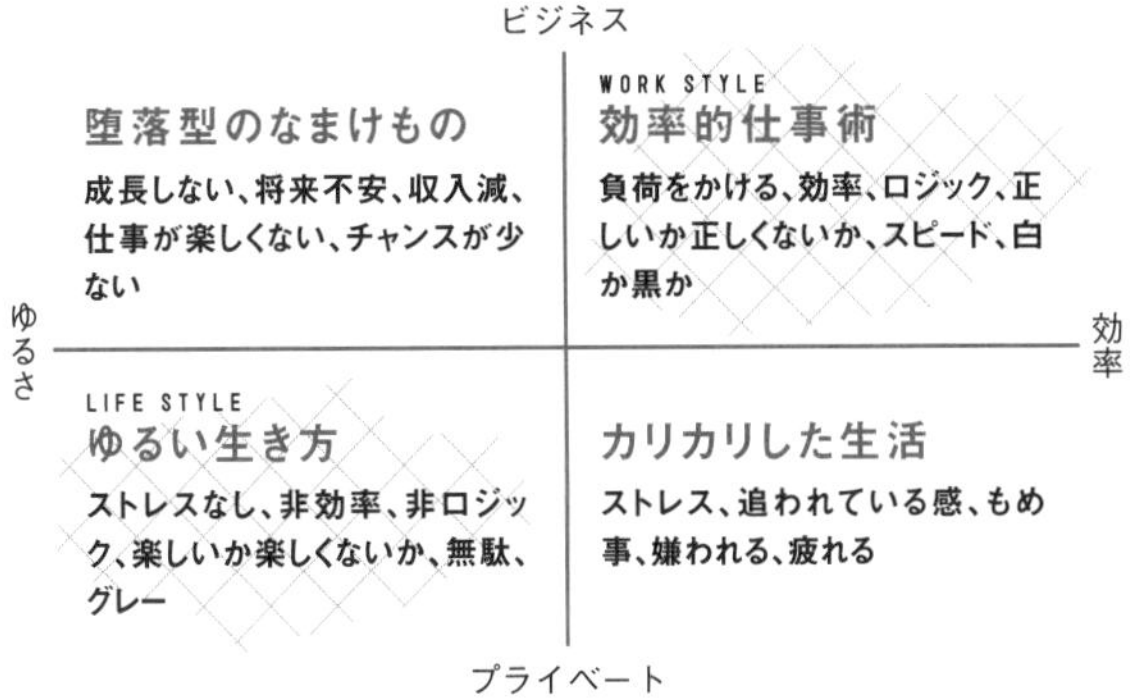


そうではなく、**仕事については徹底してスピード化や効率化を考え、最短距離でゴールをめざしましょう。**仕事まで完全にゆるくやってしまうのは「堕落型のなまけもの」であって、成長もできないし、5年や10年も経つと自分自身のレベルが低下して、結果として自分の価値や生活レベルを下げることになってしまいます。もちろん仕事も楽しくありません。

そしてプライベートでは、しっかりとゆるさを保つ。仕事時の考え方に染まることなく、**考え方のスイッチを切り替える。**こうしないと、せっかくのプライベートでもカリカリした毎日を送ることになってしまいます。

世間で言われるワークライフバランスは、ただ単に「仕事とプライベートの時間を上手に配分する」という発想で終わりがちですが、**大切なのは時間のバランスではなく、思考そのもののバランスなのです。**

さて、わたしの考えるゆるい生き方のポイントは、**「縛られないこと」**です。

われわれ現代人は、自分でも気づかないうちに多くの物事に縛られていいます。会社もそうだし、時間、場所、人間関係、お金、服装、そして常識など、見渡してみればさまざまな制約があるはずです。

もちろんこれらの中には社会生活を送る上で不可欠な制約もあるでしょう。しかし、余計な制約を削《そ》ぎ落として自分にフィットした形に変えていけば、人生はもっと楽しくなるはずです。

周りの誰もがストレスを抱え、制約に縛られているこの日本で、ゆるい生き方を実践していくのはなかなか難しいと思います。ゆるく生きようと思っても、つい周囲の空気が伝染して、望まない方向に流されてしまいます。**しかし、自分の生き方を変えるには頭であれこれと考えても仕方がありません。まずは具体的な行動を変え、習慣を変えていくことです。そうすれば心のほうも勝手についてきます。**

そこで本書では、ゆるく生きるためのレッスンとして、わたしがハワイと日本のデュアルライフから学んだ、ゆるく生きるための大小さまざまな「思考法」「環境」「習慣」を紹介していきたいと思います。たとえひとつひとつは小さな習慣であっても、それを積み重ねることによって目に見えないさまざまな制約から解放されていくでしょう。

そして何度もくり返すようですが、人の感情は伝染します。まずは周囲の感情に流されないよう、本書で紹介する小さな習慣で自分のリズムをつくりましょう。そして、あなたが「ゆるく」変われば周囲の人たちも変わり、その流れは少しずつ大きな流れとなって、あなたを取り囲む環境をも変えていくのです。
本書をきっかけに、あなたが**「ゆるく、楽しく、ストレスフリーな毎日」**を手に入れることができれば、著者としてそれに勝る喜びはありません。

ハワイにて
**本田直之**

ゆるい生き方

# CONTENTS

# PART 1 思考編

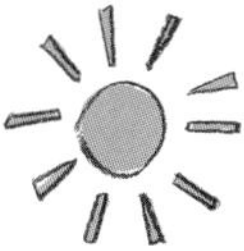

# PART 2 環境編

# PART 3 行動編

# PART 1

# 思考編

習慣 01

# 楽しいか楽しくないかで判断する

われわれは毎日たくさんの選択をくり返しながら生きています。朝食になにを食べるかという身近なレベルから、仕事上の決断、休日の過ごし方、また結婚のような一大決心も、すべて自分自身で判断しなければなりません。

このとき大切になるのは「なにを基準に判断するか?」という問題ですが、わたしの答えははっきりしています。

**①仕事上の問題は、「正しいか/正しくないか」で判断する。**
**②そしてプライベートの問題は、「楽しいか/楽しくないか」で判断する。**

この原則を守っていれば、物事は大抵うまくいくはずです。

仕事の場合、物事の判断は客観的・合理的におこなう必要があります。たとえばあなたが営業だとして、自分の思い入れの強い商品だけをプッシュしてもうまくいかないでしょう。自分の主観や感情は切り離して、相手にとってなにが必要なのかを客観的に考えられるようにならないと、結果もついてこないはずです。

仕事の基準→正しいか
正しくないか

プライベートの基準→楽しいか
楽しくないか

一方、プライベートは違います。

プライベートな事柄には客観性や合理性はいりません。ロジカルな正しさよりも、エモーショナルな楽しさのほうが重要で、判断基準は「楽しいか／楽しくないか」を大切にすべきなのです。

仕事で正しさや合理性ばかりを求めていると、ついプライベートでも正しさを優先し、楽しむことを抑制しがちになります。もっと気を楽に、やってて楽しくないような趣味ならやめてしまいましょう。そして最終的には、仕事も「楽しいか／楽しくないか」で選べるよう、長期プランを立てていきましょう。

習慣 02

# プライベートに論理を持ち込まない

この数年、日本のビジネスパーソンの間でも論理的思考（ロジカルシンキング）の重要性が認知されるようになってきました。作業を効率化して時間や労力を有効活用しようというのも論理的思考の一貫ですし、かつてのように「勘・経験・根性」の営業が奨励されることも少なくなってきました。

このように、ビジネスにおいては論理的・合理的であるべきですが、その考えをプライベートにまで持ち込むことはよくありません。むしろプライベートでは非合理的であるべきだ、というのがわたしの意見です。

論理的であろうとすると、どうしても感情を無視することにつながります。わかりやすく言えば、「楽しいか楽しくないか」よりも「損か得か」を優先するのが論理的判断というものです。

そうすると、たとえば人間関係も損得勘定のみで判断するようになって、なかなかいい関係を築くことができません。場合によっては、結婚生活でさえ「メリットがない」と考えるようになる可能性もあります。

さらに、**論理性や合理性を考えすぎると、他者に寛容でいられなくなります。**他人のミスに腹を立てたり、矛盾した言動が許せなかったり、自分と違った価値観を受け入れられなかったりして、余計なストレスを招いてしまいます。

しかし、そもそも人間なんてみんな矛盾だらけな存在なのです。どんなに立派な人もミスをするし、むしろ矛盾があって感情に左右される存在だからこそ面白いのではないでしょうか。それをわざわざ「論理的におかしい」と非難するのは、あまりに見当違いな話でしょう。

そしてなにより、論理を振りかざしている自分自身が、矛盾に満ちていたり非論理的だったりするのです。

プライベートは、ロジックで片づけられるものではありません。**もっとエモーショナルな、理屈を抜きにした「楽しい」「幸せ」という気持ちによって成り立っているものです。**あまり堅苦しいことは考えず、もっと自分の感情に素直になったほうが、結果としていいライフスタイルを築いていけるのだと考えましょう。

習慣 03

# 物事に白黒つけない

よく、日本人の国民性について「イエスとノーをはっきりさせない」と批判する人がいます。自己主張に欠けるし、曖昧《あいまい》でわかりにくいという意見です。

たしかに、ビジネスや交渉事において曖昧な態度をとっているのはよくありません。多少言いにくいことがあってもしっかり主張するべきでしょう。

ただ、プライベートでも、なんでもイエスとノーをはっきりさせるべきだ、という意見にはわたしは反対です。

理由は簡単で、「イエスかノーか」「白か黒か」「善か悪か」「勝ちか負けか」という二元論的な考えは、実情にそぐわないことがほとんどで、無理に分けようとすると不幸な結果にしかならないからです。

たとえば、夫婦喧嘩や言い争いなどはもっともわかりやすい例でしょう。

プライベートも「白か黒か」で考える人は、パートナーと言い争いになったとき決して自らの非を認めようとしません。自分は絶対に正しく、相手が全面的に間違っていると考えます。しかし、揉《も》めごとなどというものは大抵お互いに言い分があり、何割かは自分にも問題があるはずなのです。

あるいは、「仕事と私とどっちが大切なの？」という質問も非常にナンセンスな話だと思います。どちらか一方を選ぶ必要などなく、優劣をつける必要もありません。

なにより、われわれは「白でも黒でもないグレーゾーン」の存在を認めることによって多様な価値観を認めることになるのだし、自分の見識を広めていくことにつながるのです。

グレーゾーンという言葉に否定的なイメージを持っている方は多いでしょうが、**人間関係はグレーゾーンがあるからこそ成り立っているのだ**と考えましょう。ちょっと自分と意見が合わないからといって相手を全否定していたら、誰のことも好きになれないし、誰からも好かれることがありません。

なんでも白黒つけようとする生き方は精神的に疲れるし、周囲の人も疲れさせてしまいます。グレーゾーンの存在を認め、むしろそのグラデーションを楽しむくらいの気持ちで物事にあたるようにしましょう。

習慣04

# ドロップオフのリストをつくる

わたしは常々、「やることリスト」よりも「やらないことリスト」のほうが大切だ、と言っています。やること・やりたいことをリスト化して限定するのは可能性を狭《せば》めることにつながりかねないので、まずは自分の価値観にそぐわない「やらないこと」だけを決めて行動したほうがいいからです。

そして、**ゆるい生き方を送る上では「ドロップオフ・リスト」をつくりましょう。**これは言い換えるなら「切り捨てリスト」や「いらないものリスト」ということになります。

たとえば腕時計ひとつをとっても、高級ブランド品が必要なのか。それとも頑丈で実用性があればいいのか。**そもそも、必要なのか。他のものでは代用できないのか。**こうして考えていけば、高級ブランド品をドロップオフしてもいい、という判断ができるでしょう。他にも、スーツや自動車、生命保険、マイホーム、あるいは世間体《てい》なども対象として考えるべきでしょう。

ドロップオフのリストをつくる理由は簡単で、自分にとってのいらないものをあらかじめ決めておかないと、欲望が際限なく広がっていくからです。そして欲望の対象が広がれば広がるほど、ゆるい生き方を貫くのは難しくなってしまいます。また、ドロップオフのリストをつくろうとして、捨ててもかまわないと思えるものが皆無《かいむ》だとしたら、ゆるい生き方はあきらめましょう。**ゆるい生き方を選ぶには、それなりの覚悟が必要なのです。**

わたしにしても、現在いつもTシャツに短パン、ビーサンというような姿で仕事をしていますが、もしも「そんな格好のやつとは仕事ができない」と言われたら、それはそれで仕方ないとあきらめるようにしています。ゆるい生き方と引き替えに、スーツを着ることによって生まれるビジネスチャンスをドロップオフしているのです。

ハワイで暮らしていると、仕事もせず昼間からサーフィンをやっている人がたくさんいます。傍目《はため》には「昼間から呑気《のんき》なもんだな」と映るかもしれませんが、彼らにしても多くの欲望をドロップオフすることによって、あれだけの自由を得ているはずなのです。

習慣05

# 何事も60点主義で考える

ゆるい生き方の対極にある考えといえば、完璧主義でしょう。

自分にいっさいの妥協や失敗を許さず、なんでも100点でないと気が済まない完璧主義は、ある意味立派なものだと思います。

特にトップアスリートの世界などでは、それくらいの心構えがないと、高い競技レベルを維持することは難しいのでしょう。

しかし、プライベートにまで完璧主義を求めてしまうと、自分を追い込むだけで結果としてうまくいかないことのほうが多いはずです。

たとえば、掃除や洗濯を完璧にこなさないと気が済まないとか、計画どおりに行動しないと落ち着かないというのであれば、気の休まる暇がないでしょう。

また、友人やパートナーなど、プライベートを一緒にすごす相手に完璧主義を求めるのはやめましょう。

そこで大切になるのが**「満点ではなく〝合格点〟を狙う」**という考え方です。さらに合格点をなるべく低いところ、具体的には60点あたりに設定します。こうすると、仮に7割の出来であってもプラス10点ですから、いつも気分よく過ごすことができるはずです。

ストイックな完璧主義は疲れます。そしてあなたが自分を追い込んでストイックに生きていると、そのピリピリとした緊張感は周囲の人にも伝染します。そんな空気を家庭や友人関係の中に持ち込んだところで、誰も喜んでくれないでしょう。家族や仲間が望んでいるのは、もっとリラックスした空気なのです。

また、自分が60点主義で生きていると、他者に対しても60点主義で接することができるようになります。

相手の些細なミスに腹を立てることもなく、「完璧ではないけど立派な合格点じゃないか」と、他者に寛容になれるのです。周囲のためにも、物事は60点主義で考えましょう。

習慣 06

# 人生を競争しない

同級生が結婚した。幼なじみのあいつに子どもができた。同期の誰かがマイホームを建てた。……同窓会やお酒の席でこんな話を聞いたとき、わけもなく焦りを感じたことはないでしょうか？

同じ社内で、同期の出世が気になるというのなら、まだ話はわかります。仕事にはある程度の競争原理が働きますし、ライバルと切磋琢磨することで成長を促していく側面もあるからです。

しかし、**人生に競争はありません。**何歳で結婚しようと、どこに家を建てようと、そんなことは人それぞれで他人と比べる問題ではないのです。そして当然、結婚しないという選択や家を買わないという選択だって十分ありえるのです。

そもそも、他人と同じ人生を歩もうとすること自体、おかしな話でしょう。そうでなければ一生「あいつはこうしている」「隣の家はこれを買った」などを気にしながら、ストレスだらけの人生を歩むことになります。

特定の他者だけではなく、いわゆる「適齢期」なども気にする必要ありません。

たとえば、30歳までに結婚すべきだという価値観にしても、それは人生60年時代の話でしょう。平均寿命が80歳を超えるまでに延びて、60歳を超えても現役として働くことが一般的になったいまでは、人生設計する上での社会環境がまったく変わっています。高度成長時代のような「いい学校に入って、いい会社に入って、何歳までに結婚して、子どもを2人つくって、何歳までに家を建てて」という理想のモデルケースは消えてしまったのです。

もちろん、誰かが敷いてくれたレールの上を歩いていくのは、頭を使う必要もないのでラクではあるでしょう。すべてを自分で考え、自分で選択する人生のほうが何倍も大変です。

それでも、**自分で選んだ人生には、多くの自由があります**。他者にも組織にも縛られず、誰とも似ていない自分だけの道を歩んでいくことができます。

ともあれ「人生に競争はない」という原則を忘れずに、周囲を気にすることなく自分のペースで生きていきましょう。

習慣 07

# 物事の「閾値《いきち》」を下げる

ハワイで暮らしていると、日本で当たり前だと思われている常識がまったく通用しないことがあります。たとえば、インターネットCATV電話が工事にくるとき、日本であれば事前に「何日の何時くらいにお伺いします」という連絡が入りますし、自分の都合に合わせて細かな時間指定をすることもできます。

しかし、ハワイだとそうはいきません。せいぜい日付の指定がある程度で、朝から夜までのあいだ、何時くらいに工事に来るのかまるでわからないのです。もちろん、こちらから指定することもできません。場合によっては、その日のうちに来ないことさえあります。ただ、ここで「どうして日本のようにできないんだ」と腹を立てても仕方がありません。それがハワイのルールなのですから、日本の細かいモノサシで測るのではなく、ハワイの大ざっぱなモノサシで考えるべきなのです。ハワイに完璧なサービスを求めるか、素晴らしい環境での生活を求めるか、何が重要なのかを考えてみましょう。

もっと極端な例を挙げるなら、ラーメン屋さんに入っておきながら三つ星レストラン並みのサービスを期待するのは、明らかに見当違いでしょう。**場所や人、物事によって、それぞれ「閾値《いきち》」は変化するのです。ここでの閾値とは「満足に思うための条件」だと考えてください。**

特に現在の日本は、電車や宅配便の到着時間、お店やホテルの接客態度など、さまざまな面でサービスの質が向上しているので、われわれ自身の閾値もおのずと高まってしまっています。そのため、本来なら見過ごしてもいいようなミスが許せなかったり、海外で不便を感じてイライラしたりしてしまいがちです。ですから、**普段からなるべく自分の閾値を下げる意識を持ちましょう。**他者に対する期待のハードルを下げ、ある程度のレベルをクリアしてくれたらそれで十分だと思えるようにしておくのです。そうすると、相手が期待以上のサービスを提供してくれたときには、大きく喜んで感謝することができるでしょう。このことをわたしは小山薫堂さんから教えてもらいました（『もったいない主義』幻冬舎新書）。同じサービスであっても、閾値をどこに設定しておくかによって喜びの度合いは大きく変わるのです。

習慣08

# 言葉で自分を縛らない

われわれは、無意識のうちに発した自分の言葉によって、自分を縛りつけてしまうことがよくあります。

その典型的なフレーズが「○○しなきゃ」という言葉です。「そろそろお昼を食べなきゃ」とか「今度の週末は映画に行かなきゃ」など、いろんな場面で使っている言葉だと思います。

それでは、どうしてこの言葉がいけないのでしょう?

くり返しになりますが、プライベートにおける判断基準は「楽しいか／楽しくないか」です。自分が楽しいと思うこと、やりたいと思うことを自発的に選択するのが、プライベートの原則になります。

ということは本来、プライベートに「義務」はないのです。ランチを食べるのも、映画を観るのも、自分がそうしたいと思うからやることであって、別に誰かから押しつけられたものではありません。

ところが「○○しなきゃ」という言葉を使った瞬間、それは**自分を縛りつける義務**になってしまいます。そこまで深く考えていないよ、と思われるかもしれませんが、これは無意識のうちに自分を縛るものなのです。

そして、こうした自分自身による拘束が日常化してくると、「30歳までに結婚しなきゃ」とか「もっと本を読んで勉強しなきゃ」というように、自分を追い込む思考回路ができあがってしまいます。たとえば「英語をマスターしたい」というのと「英語をマスターしなきゃ」というのでは、ストレスやプレッシャーのレベルがまったく違うでしょう。

どんな行動にせよ、それは自分が自発的に選んでいるんだという意識をしっかりと持って、「〇〇しなきゃ」などと口にすることがないよう心掛けてください。われわれの心は、かなりの部分が言葉によって支配されています。たとえ小さな独り言であっても、その言葉はあなたを縛り、ストレスを与えている可能性が高いのです。

**普段自分がどんな言葉を使っているか見直して、言葉で自分を縛らないよう注意しましょう。**

## 習慣09 会社に縛られない準備をしておく

本書ではあまり仕事関係の話をするつもりはないのですが、これはライフスタイルに関する話だと思って聞いてください。

ゆるい生き方を選ぶ上で、仕事との向き合い方、特に会社との向き合い方は非常に重要なテーマになります。

たとえば、いつもクビになることを恐れていたり、減俸を恐れていたりすると、どうしても会社にしがみつく生き方になって、心の余裕が生まれません。好きでもない上司のご機嫌をとって、サービス残業や休日出勤など不本意な働き方を強いられることになります。そうすると趣味や遊びに使う時間もなくなって、自分でも気づかないうちに「会社がすべて」という生き方になってしまいます。もしもこの状態で会社がなくなったり、リストラに遭《あ》ったりしたら、それこそ「すべて」を失ったような絶望感に襲われるでしょう。

そこで大切になるのが、仮に会社がなくなっても生きていける準備です。

もちろん別の会社で即戦力としてやっていけるスキルを身につけておく、というのもありますが、それ以上に大切なのが「会社」という組織に縛られない、自分のライフスタイルを確立しておくことです。

**仕事が変わっても、会社が変わっても、住む場所が変わっても、なにがあっても変わらない自分の軸をつくっておけば、会社にしがみつく必要はなくなります。**趣味や資格もそのひとつでしょうし、生涯の親友もそのひとつでしょう。

もっとも、これは短期間でできるものではありませんし、急ごうとするとかえって余裕のない日々になってしまいます。焦ることなく、4～5年は時間をかけるつもりでゆっくりと準備していきましょう。

仕事に精を出すのは結構なことですが、それが「会社に精を出す」という状態になってはいけません。会社にぶら下がっていれば一生安泰という時代は終わり、生活のベースを会社以外のところに見つけなければいけない時代になっているのです。

いまのうちから5年後10年後の自分を見据えて、軸足を会社から別のところへ移す準備を進めていってください。

習慣 10

# 場所に縛られない

会社に縛られずに生きていくためには、まずオフィスという場所の束縛から自由になることです。

たとえば、どうして夜遅くまで残業したり、休日出勤をしてしまうのか考えてみてください。理由はいろいろあると思いますが、もっとも大きいのは「オフィスじゃないと仕事ができないから」ではないでしょうか?

もっと身近な例で言えば、出先からそのまま直帰すればいいのに会社に戻ってミーティングをしないといけないとか、書類が全部会社にあるといった話もよく耳にするものです。

ミーティングはスカイプでやればどこでもできるし、書類もすべて電子化してクラウド上にアップしておけば、自宅でも十分間に合うはずです。セキュリティ上こういうことができない会社もあります。ですが、そんな会社は最初から選択しないと決めておくことです。

インターネットのインフラが整い、パソコンやスマートフォンが普及したおかげで、わたしたちのライフスタイルは大きく変化しました。インターネットが生まれる前の時代にゆるい生き方を選ぼうとしたら、ヒッピーなど一種の世捨て人のような道を選ぶ以外にありませんでした。それが現在では、場所や時間に縛られることなく、自宅やカフェで仕事をこなすことができるようになっています。実際の話、わたしも原稿を執筆するときはオフィスではなく、近所のカフェを利用するようにしています。そのほうが余計な誘惑もなく、集中力が途切れないからです。

ゆるい生き方を送る上で、ITスキルは欠かすことのできない条件です。せっかくこれだけ恵まれた時代に生きているのですから、面倒くさがることなくITを存分に使いこなしましょう。

**場所に縛られない働き方ができるようになるだけで、会社の人間関係からもかなり解放され、仕事のストレスは大きく軽減するはずです。**

習慣 11

# 忘れっぽい自分を受け入れる

わたしは映画『ゴッドファーザー』が大好きで、学生のころから現在に至るまで、何度観たかわからないほど観てきました。

ところが、それだけたくさん観ている映画なのに、いつも結末を忘れてしまいます。財布や傘を忘れるようなタイプではないのですが、なぜか感情の絡《から》んだ記憶は忘れてしまうのです。しかし、わたしはこれをプラスに捉《とら》えています。というのも、日常でちょっと嫌なことがあっても、すぐに忘れてしまうからです。

心理学者の内藤誼人さんによると、いつも過去のことばかり考える「過去志向」の人は意思決定が遅くて優柔不断になりやすいのに対し、過去にとらわれない未来志向の人は意思決定が早く積極的だ、という実験データがあるそうです（『人を魅了する暗示の技術』ベストセラーズ）。

たまに過去の話ばかりする人がいますが、大抵は自慢ばかりです。それも小学校時代などのうんと昔の自慢です。それより今はどうなのか、これからどこに行くのかを話した方がずっとおもしろいし楽しいはずです。

そして過去志向と未来志向を分ける最大のポイントは「忘れっぽさ」であり、忘れっぽいからこそ過去の記憶にとらわれず、積極的に行動できるといいます。一方、昔のことを忘れられない人はどうしても過去の失敗に敏感になるため、優柔不断になってしまうのです。たしかに、過去のネガティブな出来事など思い出しても、なんらいいことはありません。しかもそれが判断を遅らせたり歪めるようなことになったら大変です。無理に思い出そうとせず、そのまま忘れてしまいましょう。そして本の中の印象的なフレーズなど、忘れたくないポジティブな事柄についてはメモを取ったりITを活用するようにして記録を残せばいいのです。

感情の絡んだネガティブな記憶にとらわれていると、自分もストレスになるし、周囲の人たちにも悪い影響を与えてしまいます。忘れっぽい自分を受け入れ、むしろ積極的な忘却を心掛けるようにしましょう。わたしは、嫌なことがあった日には下手に考える時間を与えず、早めに寝るようにしています。ぐっすり眠って朝がくれば、嫌な気分など消え去っているものです。

習慣 12

# 贅沢品のために働かない

ゆるい生き方の根底にあるのは、**「何物にも縛られず、制約をつくらない」**という生き方です。そして、われわれ現代人にとっての制約と言えば、やはりお金の存在を無視することはできないでしょう。

たとえば、あなたが昔から憧れていた自動車をローンで購入したとします。大好きな自動車を手に入れる喜び、行動範囲の拡大によるプライベートの充実など、自動車の購入にはさまざまなメリットがあります。住宅ローンなども同様でしょう。

しかし、ローンの存在はあなたの人生を確実に縛ってしまいます。まず、ローンが残っているかぎり会社を辞めるわけにはいきません。そのため「いい仕事をすること」よりも「リストラされないこと」や「会社や上司に嫌われないこと」が優先されるようになり、やりたくもないことを引き受けるなど、不本意な働き方を余儀なくされます。そんなことでは仕事が楽しくなるはずもなく、逆にストレスがたまるばかりでしょう。

一方、世の中には「積極的に贅沢品を買うべきだ」と主張する人もいます。

高いスーツを着て高級ブランド製品をもっていると、それに見合った自分であろうと心掛ける。そのため、一生懸命に頑張るし成長を速めることができる、という意見です。たしかに高額品を身につければ気分的には盛り上がるでしょうが、ローンで買った場合はとくにローンの支払いに縛られ、仕事や会社から逃げられなくなる、という現実に変わりはありません。

むしろ反対に、会社にしがみつくことを優先するあまり、何事にも受け身になって思いきった行動を取れなくなる可能性もあります。これでは成長するどころか、伸び悩んでしまうだけでしょう。

わたしは「贅沢品を買うな」と言っているわけではありません。

**大切なのは、「贅沢品のために働く」という不毛なサイクルに陥らないこと。**

そして、ほんとうに豊かな生活を手に入れることです。豊かになるために買ったはずの贅沢品も、ローンを組んでしまえば手足を縛る元凶にしかなりません。無理して贅沢品を手に入れることは、決して生活の質を高めることにはつながらないのです。

習慣13

# ムダを削ってシンプルに生きる

あなたは現在、どのような悩みを抱えているでしょうか？

仕事、家庭、人間関係など、悩みの種類は人によってさまざまでしょう。誰だって多かれ少なかれなんらかの悩みを抱えて生きているものです。

ところが、悩みの原因を深く掘り下げていくと、意外な事実が見えてきます。**われわれの抱える悩みとは、多くの場合が「決断できず迷っている状態」**なのです。身近な例を挙げるなら、「Aランチにするか Bランチにするか決められない」というのも立派な悩みのひとつですし、ほとんどの悩みはこの延長線上にあります。

それでは、これらの悩みを解決するにはどうしたらいいのでしょうか？

こう考えてください。仮に、あなたのキッチンに20種類のフライパンがあったとしましょう。ここでオムレツをつくろうとした場合、まず間違いなく「どのフライパンを使おう？」という悩みが発生します。

一方、キッチンに中華鍋ひとつしかなければ、悩むことなどありません。オムレツも揚げものも、すべて中華鍋で調理するでしょう。

極端な例ですが、**このように身のまわりをシンプルにしていけば、それだけ悩む場面も減って、考え方や行動もシンプルになっていくのです。**

普通に考えたら20種類のフライパンがあったほうが便利に思われるでしょうが、モノでも情報でも数が増えすぎると逆に不便になってしまうのです。

わたしはハワイアンたちの生活を見ていると、シンプルであることの大切さを強く感じます。彼らは決して最新の製品に囲まれて暮らしているわけではありませんし、そもそも新しいモノや情報への関心も強くありません。「自分たちには海があり、食べ物もあり、住むところだってあるし、ハワイの島はいつも暖かい。それ以上なにを望むんだ？」というスタンスで生きています。そして実際、暮らしがシンプルであるほど余計なことを考えずに済むし、幸せに生きていけるのです。

もちろん日本でハワイアンと同じ生き方を選ぶのは難しいと思いますが、日常から余計なモノや情報を削《そ》ぎ落としていくほど、悩みやストレスの種が消えていくことは間違いないはずです。

## 習慣14 「そういう人」と思ってもらう

ゆるい生き方という自分のライフスタイルを確立し、それを守っていこうと思うなら、ある程度の「覚悟」が必要になります。

たとえば、年長の部外者と会うときにTシャツ姿で出かける。こうすると、かなりの確率で「失礼なやつだ」と思われるでしょう。あるいは二次会を断ったり、残業や休日出勤を断るのも、生意気だと思われることがあるはずです。

本当にしたいのであれば覚悟が必要です。生意気だと思われたくないのなら我慢してやるしかないのです。「誰からもいい人だと思われたい」とか「みんなと同じに思われたい」という思いを捨てないかぎり、ゆるい生き方を選ぶことにはなりません。

もしかすると、それで昇進が遅れたり収入が減るようなこともあるかもしれませんが、そこを怯《おび》えていては一生ゆるい生き方などできず、ストレスフルな毎日を過ごすことになるのです。ただ、周囲の目が気になる人にアドバイスがあるとすれば、「周囲の人はあなたが思っているほどには、あなたの一挙手一投足を気にしているわけではない」ということを理解してください。

たとえば、あなたが「ここで残業を断ったら嫌われてしまうはずだ」と思っているとしましょう。しかし、実際に残業せずに定時で帰るようになれば、周囲の人は「あいつは〝そういう人〟なんだ」とあっさり受け入れるものです。もちろん結果を出さずに帰ってはダメです。成果を出すのは大前提です。**大切なのは、この〝そういう人〟と思ってもらうことで、結局これはあなたの個性やライフスタイルを周囲に認めてもらうことを意味します。**そして、一度個性として認めてもらえると、相手は〝そういう人〟であることを前提に付き合ってくれるので、トラブルになることも少なくなります。

ゆるい生き方とは、ただ受け身でだらだらすることではありません。もっと能動的に自分の価値観や優先順位をはっきりさせていった先に、ゆるい生き方があるのです。もちろん、人によっては厳格な生き方を選ぶ人もいるでしょうし、どんな生き方を選ぶかは各人の自由です。ただし、ライフスタイルとは勝手に出来上がるものではなく、**どこかで選択するものなのだ、**ということは忘れないようにしましょう。

習慣 15

# 見た目よりも機能を大切にする

いまは景気がよくないから、ゆるい生き方なんて悠長なことは言っていられない、と思っている人は多いかもしれません。

しかし、この認識は明らかに間違っています。

たとえば、わたしの学生時代はちょうどバブルが絶頂期を迎えていましたが、いま振り返ってみても、当時の大人たちがゆるい生き方を実践できていたとは到底思えません。むしろ反対に「24時間戦えますか?」といったコピーが流行《はや》るなど、当時のビジネスパーソンはまったく余裕のない生き方をしていました。景気もよく、お金もあり余っていたにもかかわらず、です。

この理由は簡単で、バブル当時の日本は圧倒的な物質主義に染まっていたからです。派手なブランド品を身につけ、燃費などおかまいなしに高級外国車を乗り回し、不動産を買い漁《あさ》ることに夢中になっていました。クリスマスともなれば半年や1年前からホテルの予約を取って、ということが当たり前におこなわれていました。

しかし、バブルが崩壊すると状況は一変します。

服装はシンプルで機能的になり、自動車は燃費や安全性が重視されるようになり、レジャーにしても、豪華リゾート施設よりアウトドアなど健康的なものが人気を集めるようになっていきます。

つまり、見た目の豪華さや所有欲、名誉欲を満たすことより、もっと「質」を大切にするようになったのです。ハイブリッド車の人気などは、その典型的な例でしょう。もちろんいまでも豪華な物質主義を求める人は大勢いますが、バブル当時の異様な熱気とはずいぶん違っています。飲食で言うと、高級フレンチよりビストロの方が人気が出てきた感じでしょうか。

ゆるい生き方を選ぶのに、景気はほとんど関係ありませんし、それほどたくさんのお金も必要ありません。必要なのは、見た目の豪華さに惑わされず物の本質を見抜く目なのです。ドロップオフのリストをうまく活用しながら、過剰な物質主義に染まることなく、**自分にとって本当に必要なものだけを選ぶようにしましょう。**これは品物全般だけでなく、趣味や遊びにも言えることです。

# 習慣16 アクシデントを笑い話にする

ゆるく楽しい毎日を過ごしたければ、日常の中でとにかくたくさん笑うことを意識しましょう。というのも、心理学の古典的な理論に「ジェームズ=ランゲ説」という説があります。

これは人間の感情がどういうメカニズムで生まれるかを考察した理論で、「人間は悲しいから泣くのではなく、泣くから悲しくなるのだ」という有名な言葉で表されています。あるいは「楽しいから笑うのではなく、笑うから楽しくなる」「恐ろしいから震えるのではなく、震えるから恐ろしくなる」ということです。

つまり人間の感情は、身体的（生理的）な変化のあとからついてくるもので、たとえば眉間《みけん》にしわを寄せて不機嫌そうに過ごしていたら本当に楽しくなくなるし、いつも笑顔でいることを心掛けていれば実際に楽しくなっていく、というのがジェームズ=ランゲ説の基本的な考えです。

そのため、わたしはいつも「なにか笑い話のネタになることはないか？」と意識しながら毎日を過ごすようにしています。

たとえば先日も、あるお店でたぬきそばを注文したら、きつねうどんが出てきたことがありました。もし、ここで怒鳴り声を上げてしまったら感情はそちらに流され、怒りモードになってしまいます。

しかし「これはいい笑い話になる」と思って笑っていると、本当に楽しくなってきます。そしてその笑い話を友達に話していけば、もっと楽しくなるわけです。

また、わたしたちの脳は「笑える話」を意識しながら過ごしていると、普段なら見落としてしまうくらい小さな笑い話まで、どんどんキャッチしてくれます。これは「カラーバス効果」として知られる現象です。

そしてカラーバス効果が働いていると、たとえ失敗やアクシデントがあっても、それを笑い話に転化する余裕が生まれてきます。

**人間は楽しいから笑うのではなく、笑うから楽しくなる。**

**そして笑える話を意識していると、自然と楽しいエピソードが集まってくる。**

この2つの原則を頭に入れて、ゆるく楽しい日々を過ごしましょう。

習慣 17

# 「広く浅く」の付き合いはしない

仕事であれプライベートであれ、ストレスの元凶といってまず思い浮かぶのは人間関係ではないでしょうか。大手転職サイトの「エン・ジャパン」が2018年に行なったアンケート調査では「人間関係が転職のきっかけになったことはありますか？」の質問に、53％が「ある」と回答したそうです。そこでどうすれば人間関係のストレスを軽減できるかですが、わたしの答えは簡単で**「広く浅い友達付き合いをやめること」**に尽きます。

一般に、友達は多ければ多いほどいいと思われています。しかし、たとえば親友を何百人も持つことなど現実的には不可能でしょう。仕事上の人脈は別として、少なくともプライベートでは友達を「数」で考えるのではなく、「質」や「関係の深さ」で考えるべきだ、というのがわたしの意見です。ですから、わたしは仕事は別ですが、プライベートにおいて「合わない人」と無理に付き合うことはしません。なるべくストレスのない範囲で関係を築いています。合う人は合うし、合わない人は合わないのだと割り切っています。日本人だけで1億人以上もいるのですから、ムリする必要はないのです。こう聞くと

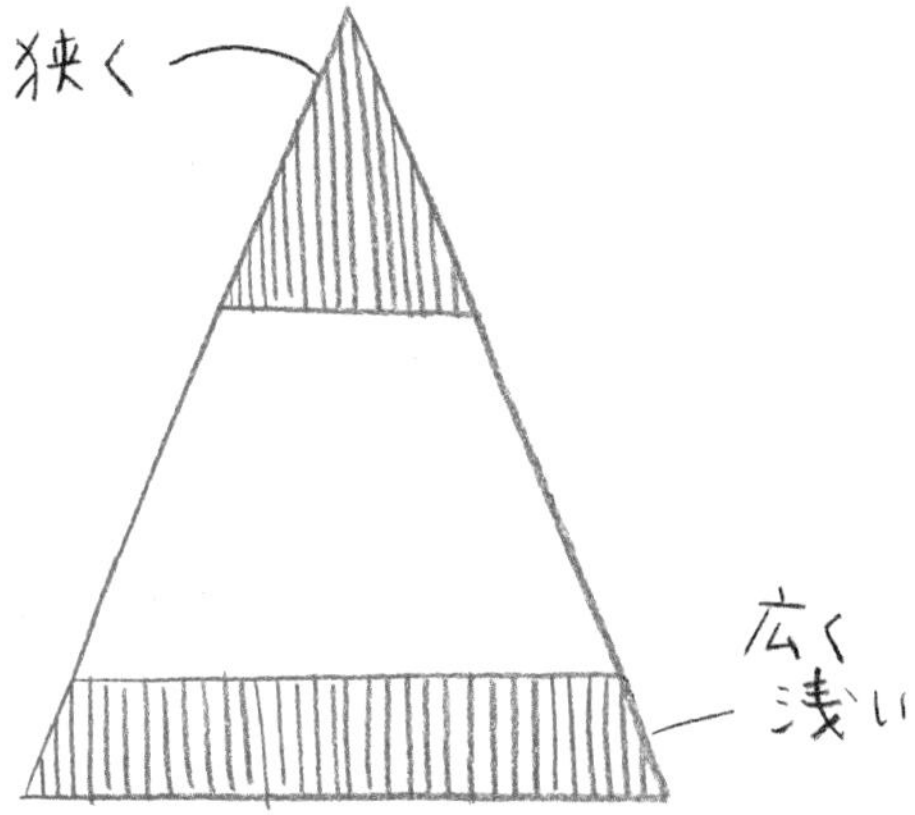


ドライすぎる考えだと思われるかもしれません。しかし、実際はまったくの逆で、その気もないのに愛想笑いをして打算的に付き合っているほうが何倍もドライで醒めた関係なのです。

仕事をしていると、どうしても不本意な付き合いを強《し》いられることがあります。ですから、せめてプライベートだけは本当に気の合う仲間とだけ付き合うようにしないと、心身ともに疲れ果ててしまいます。

広く浅くのスタンスで人と接しているかぎり、本音で語り合える仲間など見つからないのです。

## 習慣18 知ったかぶりをしない

知らない自分を隠さないこと、知ったかぶりをしないことは、ゆるい生き方にとって非常に重要なポイントになります。

誰だって、無知だと思われたくない気持ちはあるでしょう。「そんなことも知らないのか」と笑われることもあるかもしれません。しかし、知ったかぶりには大きなデメリットが2つあるのです。

まず、知ったかぶりをすると嘘がバレないように無理をすることになるので、非常に疲れます。嘘をつくのは簡単ですが、嘘を隠し通すのは大変で、相当なストレスになってしまうのです。

さらに、知ったかぶりをすることは**「教えてもらうチャンスを逃す」**ということなのです。素直に知らないと言えば教えてもらえた知識を、自分の小さな見栄のために逃してしまう。これほどもったいない話もないでしょう。特に、相手がその道のプロであったり、具体的な経験を持った人であれば、もう二度とそんな話を聞く機会はないかもしれないのです。

また、知らないことを正直に打ち明けても、それであなたの評価が下がる

ようなことはありません。

むしろその素直さや人柄を評価されて、より深い関係になっていくことが多いはずです。

物事を「知らないこと」は決して恥ずかしいことではなく、単に知識の欠如でしかありません。

一方、**物事を素直に「聞けること」は知識以上のものを得るための重要なスキルです。**

知らないことを恥ずかしがる前に、素直に質問できる人物になりましょう。

習慣 19

# プライベートは長期視点で考える

ある程度の年齢を重ねたり、年長の人たちと接していると、ときおり「あのころはよかった」という話題が出てくることがあります。若いころは仕事も遊びも面白かった、昔は夢や希望に溢れていた、もう一度あのころに帰りたい、といった後ろ向きな内容です。

時計の針を巻き戻すことなどできるはずもなく、過去の思い出に浸ったところで物事はなにひとつ前に進みません。むしろ暗くなってウンザリした気分になるだけでしょう。できることなら、「いまがいちばん楽しい」とか「5年後が楽しみだ」という人生を送りたいものです。

では、どうして多くの人が「あのころはよかった」となるのでしょう？

**これは物事をいつも短期視点で考えていたからです。**

たとえば、20歳のあなたが勉強もアルバイトもせず、ただひたすらテレビゲームに没頭していたとしましょう。短期的に見れば楽しくてたまらない毎日です。しかし、5年10年と月日が流れたとき、あなたの手元に残っているのは楽しかった思い出だけになります。「いまが楽しければそれでいい」という短期視点の考えでは、すべてがその場かぎりになり、人生が細切れになってしまうのです。

一方、5年先や10年先を見据えて物事を考えていれば、人生が細切れになることもなく、決して「あのころはよかった」なんて言葉は出てきません。短期的に損をしても焦ることなく余裕を持って生きていくことができます。

もちろん仕事においては、短期的な結果を求められることも多いでしょう。1ヶ月単位、1年単位で結果を残していかないと評価されない現状もあると思います。しかし、プライベートまで短期視点で考える必要はありません。少なくともプライベートにおいては目の前の利益にこだわらず、**もっと長期的な視点で物事を考えたほうがうまくいくし、気持ち的にもゆとりが出るはずです。**

仕事で時間や数字に追われている人は、ついプライベートも目先のことだけを優先しがちになってしまいます。将来「あのころはよかった」と嘆くことがないよう、長期的視点を持つようにしましょう。

## 習慣20 「本当に足りないのか？」を考える

たとえばここに、年収500万円のAさんがいたとしましょう。そして彼が「年収1000万円になりたい。そうすれば金銭的にもゆとりが出て、ゆるい生き方ができるはずだ」と考えているとします。ところがAさんは、実際に年収が1000万円に達したとしても、そこで満足することはありません。今度は「2000万円ほしい」と考えてしまうのです。

ある統計によると、人は「どれくらいの資産があれば安心で満足か」と問われると常に倍を言ってしまうそうです。たとえば10億円もの資産を持っている人でも、なぜか「20億円ほしい」と考えてしまいます。一般的な感覚からは10億円もあれば十分に思えますが、本人は「もっともっと」と考えてしまうのです。

あるいは車や洋服なども同じで、憧れのスポーツカーを1台買うと、また別の1台がほしくなるという人は大勢います。常に上をめざすという意味では立派な考えかもしれませんが、これではゆるい生き方などできません。先のAさんが「2000万円ほしい」と考えてしまうのは、年収1000万円では「足りない」と思っているからで、要するに年収500万円時代と同じマインドで生きているのです。

わたし自身も、かつては「もっともっと」の罠《わな》にはまった時期がありました。お金は増えるけど仕事も増える、お金は増えるのに余裕は増えない、という悪循環です。そしてあるとき、「足りない」と思うことを止めにしました。

**すると身も心もスッとラクになったのを覚えています。**

要は、どちらが自分にとって重要なのかを考えることです。

きっとあなたも周囲を見回してみれば、モノやお金がけっこう足りていることに気がつくはずです。

むしろ足りないのは時間やゆとりで、これは「もっともっと」の生き方をしているかぎり、なかなか手にすることができません。

**モノもお金も「本当に足りないのか?」を真剣に考えなおしてみましょう。**

**生活をシンプルにしていけば、現状でも十分満足することができるのです。**

習慣 21

# 他人と比較しない

本書で紹介しているさまざまな習慣を実践しようとするとき、はじめのうちは周囲の視線が気になるかもしれません。道や座席を譲るような行為ならともかく、たとえばTシャツにビーチサンダル姿で目上の人に会うのは躊躇《ちゅうちょ》する、という人は多いのではないでしょうか。

では、どうして周囲の視線が気になるのでしょう？

これは簡単な話で、他者との比較の中で自分を規定しようとしているからです。

周囲の視線について、アメリカの文化人類学者ルース・ベネディクトは著書『菊と刀』の中で面白い指摘をしています。欧米の母親は泣いている子どもに「人前で泣くのはよくないことよ」と善悪の基準を説くのに対して、日本の母親は「〇〇ちゃんは泣いてないでしょ。恥ずかしいからいい子にしなさい」と周囲の目線を強く感じさせ、恥の意識を植えつけることでお説教する、というのです。たしかに、こうした言い回しに身に覚えがある人も多いのではないでしょうか。

わたしもアメリカに渡ったとき、周囲の視線を気にすること、そして他人と自分を比較することがどれだけ無意味であるか、強く実感しました。

移民の国であるアメリカでは、みんな肌の色も違えば、民族、宗教、生まれ育った国まで、すべてが違います。そのため「違うのが当たり前」という感覚が根づいていて、誰がどんな格好をしていようとまったく気にしません。当然ですが、「みんなと違うこと」を恥じるような文化もないのです。

一方、かつての日本では「みんなと同じ」であることが当然でした。みんなが同じテレビを見て、みんなが同じヒットソングを歌って、みんなが同じような服を着て、結婚して家を買って子どもを産んで……ということが当然だった時代もありました。

しかし現在では価値観も多様化して、必ずしもみんなと同じである必要はなくなっています。この流れは今後もっと加速していくでしょう。

**周りに合わせて生きていたところで、ストレスにしかなりません。**もっと自分らしく、自信を持ってゆるい生き方を選びましょう。

習慣22

# 治療より予防に力を入れる

以前、わたしは肺塞栓《はいそくせん》という病気にかかり、短い期間ではありますが入院することになりました。

病気も入院も決して楽しいものではないし、病気などしないに越したことはありません。しかし、この経験を通じていろいろと得るものがあったのも事実です。

わたしはハワイの病院に入院したのですが、そのときまず聞かれたのが親族の病歴でした。誰がどんな病気で亡くなったというだけでなく、たとえば同じ癌《がん》でもどの部位の癌だったとか、それ以外にもあらゆる病歴をすべて教えてくれと言われました。そして、これまで親族の病歴なんて真面目に考えたこともなかったわたしは、うまく答えることができなかったのです。

しかし、もしも親族の病歴を細かく知っていれば、自分にどんな潜在的リスクがあるか推測することができます。また、その潜在的リスクに応じて治療方針が変わってきたり、食事の内容が変わったりするわけです。

普段から健康に気をつかって、サプリメントを摂《と》ったり運動をしている人は多いでしょう。ですが、親族の病歴のように、自分の身体に関する情報を知っておくことも大きな意味での「予防」となるのです。健康診断や人間ドックの際も、自分の潜在的リスクを知っていれば、その部分を詳しく診《み》てもらうこともできるでしょう。

これはわたし自身の経験から言えることですが、病気になってから治療するのでは遅すぎます。入院ともなれば何日も病室で過ごすことになり、それだけで心が滅入ってしまいます。治療や入院にお金が必要なのはもちろん、仕事やプライベートでもたくさんの人に迷惑をかけるでしょう。

一方、予防にはそれほどお金もかかりませんし、なにより楽しく続けることができます。たとえば運動が嫌いだという人も、入院生活することに比べたら運動のほうが何倍も楽しいでしょう。

**ゆるくてハッピーな生活は、健康という基盤があってこそ成り立つものです。**現在健康でなんの問題もないという人ほど、その健康をキープするため「予防」の意識を大切にしましょう。

# PART 2

# 環境編

習慣 23

# 島のライフスタイルに触れる

いまになって考えると、わたしがハワイに住みたいと思うようになった最初のきっかけは、沖縄でした。

小学生のころ、父が沖縄に単身赴任していたので、遊びに行ったのです。そのときに感じた、なんとも言えない開放感、暖かい気候、海の美しさ、そして地元の方々の優しさ、ゆるい雰囲気などに、小学生のわたしはすっかり魅了されてしまいました。たしか10歳くらいのことだったと思いますが、当時見た風景や潮風の匂いなどは、いまでも鮮明に覚えています。

このとき、わたしは「これこそが自分の求めていた場所だ」と思い込んで、20歳を過ぎてハワイに1ヵ月滞在したときには、もう「将来必ずここに住もう！」と決心したのです。沖縄での鮮烈な原体験がなかったら、もしかすると全然違った人生が待っていたのかもしれません。

それでは、どうしてわたしは沖縄やハワイに魅せられてしまったのでしょうか？

まず言えるのは、わたしが気候の温暖な「南国」に行っただけなら、あれ

ほど強い印象を受けることはなかった、ということです。沖縄にせよハワイにせよ、南国であること以上に、それが「島」であることに意味があったのだと思います。

本土との交通手段が限られ、ある意味で自己完結した世界を築いている島々では、おのずとその島独自の生活リズムが生まれます。満員電車もなく、そもそも過度に急ごうとする文化がありません。海や太陽のゆったりとしたサイクルに合わせるように、人々がごく自然なリズムで生きているのです。そんなゆるい時間の流れに触れたことが、大きなきっかけだったのだと思います。

島に行く一番の目的は、この「ゆるい」時間に伝染されることです。島に行って、**島の習慣や時間の流れ、思考方法を自分の日常生活に持ち帰りましょう。**

そこにはきっと、多くの気づきがあるはずです。

ゆるい生き方の見本は、温暖な島にあるのです。

習慣
24
# ネット環境のないところに行く

年の半分をハワイで暮らすわたしは、サーフィンが趣味ということもあって、海のイメージが強いようです。しかし、わたしは山も温泉も大好きで、特に温泉では秘湯《ひとう》と呼ばれるような宿を選ぶようにしています。

たとえば昔からよく利用する奥鬼怒《おくきぬ》の宿などは、一般車両が通れない林道を進んでいった先にあるため、宿の周りには本当になにもありません。冬には一面が雪景色で、外界から完全に遮断されています。そうするとインターネット環境がないのはもちろん、携帯電話さえ圏外になります。こうした環境で2～3日過ごすと、普段どんなに気忙しい毎日を送っている人でもゆったりしたリズムを取り戻すことができます。のんびり温泉に浸かって、身も心もリフレッシュできるのです。

数年前にサーフトリップでモルディブに行ったのですが、船上生活だとインターネット環境はほとんど皆無なので、島の外とは遮断された状態です。すると仲間たちも、最初はそわそわして落ち着かない感じだったのですが、徐々にその環境に慣れてきて、最終的にはいつも以上にゆるくて楽しい時間を過ごすことができました。私たちはふだん都会に住んでいるため、都会の生活を身体が覚えてしまっています。あえて島に行くのは、強制的にゆるくなることで身体に覚えさせたいから。**身体に覚えさせれば都会に帰ってからでもゆるくなることができます。**

いちばんよくないのは、せっかくの旅行なのに暇さえあれば携帯電話でメールをチェックしたり、宿に着くなり持参したパソコンをつなぐことです。これでは日常の延長でしかなく、なんのために休みに来たのかわかりません。

休みのときには思いきってインターネット環境のない場所に行きましょう。できれば、携帯電話がつながらないようなところに行くのです。1ヶ月単位の長期旅行ならともかく、数日の旅行ならつながらなくても大きな支障はないでしょう。特に携帯電話は、持っているだけで仕事や会社から縛られている感覚が出てしまうものです。このストレスは利便性との引き替えに受け入れざるを得ない部分もあるのですが、たまには旅行などで束縛を解いて、蓄積された疲れをリセットしてあげましょう。

習慣25

# 目的もなく海に行く

ハワイにいて感じるメリットのひとつに、海の存在があります。

窓を開けると海が見える。レストランでも海を眺めながら食事ができる。海岸線をドライブする。あらゆる日常の景色に「海」が溶け込んでいる。それがハワイでの生活です。

不思議なもので、海を見ているとそれだけで日常のストレスから解放されていきます。嫌なことも忘れるし、せかせかした焦りも消えてなくなります。これはハワイの海にかぎった話ではないでしょう。列車の車窓から思いがけず海が見えただけで嬉しくなったり、景色に見とれてしまう人は多いはずです。

さて、このように海の持つ心地よさや効用を実感していながら、それを積極的に活用しようとする人は少ないものです。

たとえばあなたは、この1年で何回くらい海に行ったでしょうか？　海水浴やサーフィンなど、特別な目的がないかぎり海に行こうとしないのではないでしょうか？

海はゆるさの代表です。海辺の街はゆるい人が多い。それは生まれつきで

はなく海のゆるさに伝染しているから。海辺のゆるい人たちも東京に行くと違う人のようになります。

海に行くのに特別な目的なんて必要ありません。実際海に行っても、なにか特別なことをしなくてもかまいません。目的は海のゆるさに伝染しに行くことだからです。

仕事や人間関係に疲れたとき、なんとなく最近イライラしてるなと思ったときは、迷わず海に出掛けましょう。

**ストレスの多い人ほど、もっと日常の景色に「海」を取り入れていくべきなのです。**

習慣 26

# 睡眠時間より寝つきを大切にする

ゆるい生き方を考えるにあたって、睡眠は欠かすことのできない要素です。

睡眠不足でイライラした経験は誰にでもあるでしょうし、逆に言うと睡眠さえきちんととっておけば大抵のストレスは解消されます。

しかし、しっかり睡眠をとることを「たくさん眠ること」だと考えている人は大勢います。これは大きな間違いで、たとえば10時間や12時間たっぷり眠っても、余計に疲れたり、気持ちがだらけてしまった経験はありませんか？

睡眠は時間で考えるのではなく、寝つきを第一に考えるべきなのです。**寝つきがいいのは人生において重要なスキルだからです。**

寝つきがよければ目覚めもいいし、目覚めのよさこそが睡眠の質を表しているのです。しかも、夜の遅い時間帯にはどうしてもネガティブなことが頭をよぎってしまうので、寝つきをよくすることは非常に大切です。

それでは、早く寝つくためにはどうすればいいのでしょうか？

寝つきをよくするためのポイントは、「早起き早寝」の習慣、そして日中に太陽の光をしっかり浴びることが第一ですが、他にも自分オリジナルの入眠儀式をつくっておくといいでしょう。

入眠儀式とは、毎日寝る前に同じ行動をくり返すことで、脳に「これをやったら寝るんだ」と理解させ、入眠を促進させる行動を指します。

わたしの場合は非常に簡単で、横になったとき身体の右側を下にすると、すぐに眠れるようになっています。

それでも眠れないときには呼吸法を変えて、深呼吸するようになるべくゆっくり息をすると眠気が襲ってきます。あるいは寝る前にストレッチをするとか、足を温めるとか、同じパジャマを着るとか、人によっていろんな入眠儀式があるでしょう。

寝る前になにかをやるなんて面倒くさいと思われるかもしれませんが、**寝つきが悪くて睡眠の質が下がると、翌日にはもっと面倒なことになってしまいます。**わたしはいつも30秒くらいで寝てしまいます。寝つきがいい人で後ろ向きの人はいません。あなたも寝つきのいい習慣を身につけることをぜひおすすめします。

# 習慣27 蛍光灯を使わない

ゆるい生き方を手に入れるためには、環境づくりが欠かせません。

特に大切なのは、自分の家をどれだけ快適で居心地のいい空間にできるかで、ここに対する投資は決して惜しむべきではないでしょう。自宅が極上のリラックス空間であれば、それだけで日々の生活が豊かになるのです。

アメリカに留学中になぜこの家はいい感じなのか、と思った経験が何度かあります。その理由を私なりに考えてみると、感じのいい家の共通点はその家の照明にあることに気づきました。アメリカの家は暖色系の白熱灯を使っていることが多いのです。また間接照明も一般的です。

そこで、まずおすすめしたいのが部屋から蛍光灯をなくすことです。無機質で青みがかった光を放つ蛍光灯ではなく、暖色系の落ち着いた白熱灯を使うこと。これだけで、かなりの効果が得られます。

蛍光灯は、寿命が長く消費電力も少ないなどさまざまなメリットがある反面、目が疲れやすくてストレスになるという欠点も持っています。

たとえば、蛍光灯下の室内で写真を撮った際に色がおかしくなってしまったという経験はないでしょうか？

これは蛍光灯が電源の周波数に応じて細かく点滅（東日本では１００回／秒、西日本では１２０回／秒）しているためで、写真の世界では「フリッカー現象」と呼ばれています。肉眼ではとらえきれないため自覚症状はないものの、蛍光灯はそれだけ目にストレスを与えているのだと考えてください。また、一般の蛍光灯は構造上の問題から紫外線や電磁波も発するため、なおさら目に負担をかけるとされています。

一方、白熱灯は点滅も少なく、目に優しい光源となっています。

もちろん蛍光灯に比べると消費電力や発熱量が高いこと、それに光が暗かったり暖色系の色味が強かったりするなどの問題はありますが、むしろその雰囲気を愉しむのだと思えば、不便に思うことはないでしょう。

さらに、手近に白熱灯を使うとすればフロアスタンドやテーブルランプが中心になると思いますが、これらはすべて間接照明になるよう、配置しましょう。

間接照明では暗いと思われるかもしれませんが、夜には少し暗めくらいの部屋で過ごしたほうが就寝時の寝つきもよく、ストレスもたまらないのです。

そして、白熱灯の魅力を最大限に引き出すアイテムが調光器です。

調光器とは、白熱灯のスタンドにつないで電圧をコントロールする装置で、これを使うことによって自由に光量を調整することができます。

わたしが主に使っているのは、アメリカのルートロンという会社の調光器「クレデンザ」で、日本でも２０００円台で購入可能なものです。そのときの気分や時間帯に合わせて最適な光量に調整でき、同じ白熱灯でも部屋の雰囲気がまったく変わってくるので、ぜひ試してみてください。

さて、リラックスした空間を演出する照明といえば、電気だけでなくキャンドルの存在も忘れてはいけません。キャンドルは、誕生日や記念日のときに「飾り」として使うのではなく、もっと日常的な「照明」のひとつとして積極的に使いこなしていくべきものです。

たとえば、食事のテーブルにキャンドルがひとつあるだけでも、ずいぶん

落ち着いた雰囲気になります。また、好きな香りのアロマキャンドルを焚《た》きながらゆっくり入浴していると、日常のストレスなどきれいに吹き飛んでしまうでしょう。

照明を変えると、部屋の表情が一変します。白熱灯、間接照明、そしてキャンドルなどを揃えていくことで、ゆるい雰囲気になります。蛍光灯をやめるだけでも効果は絶大です。

ぜひ居住空間を変える第一歩として、照明に注目しましょう。

習慣 28

# 公共の場で怒らない

ホテルや空港、レストランなどで、わたしが残念な気持ちになるのが怒っている人に遭遇してしまうことです。どんなトラブルがあったのかはわかりません。それでも、平謝りしている担当者に大声で怒鳴りつける姿を見ていると、こちらまで悲しくなります。つまり、**その人の怒りやマイナスの感情が周囲にいるわれわれに伝染してしまうのです。**

特に空港は、旅行というシチュエーションで気が高ぶっているのか、係員に怒鳴りつけている人やぶつかっても謝らず走り去っていく人など、かなりマイナスの感情が渦巻いています。しかし、そこで他者が発するマイナスの感情に流されてしまっては、あなたが損するだけですし、周りの誰も得をしません。周囲が苛立っているような場所でこそ、冷静に振る舞うべきなのです。

たとえば先日、わたしも空港でちょっとしたトラブルに巻き込まれました。ハワイまで自転車を持っていこうとしたのですが、本来は預かり荷物として無料で預かってくれるはずの自転車に、料金が発生すると言われました。しかも帰りの飛行機ではもっと高額の料金が必要だと言います。

結局、ハワイから帰るときになって先方の間違いだったことがわかり、担当者から平謝りされたのですが、その担当者があまりに身構えていることに驚いてしまいました。つまり、こうしたトラブルにあたってはほとんどの人が大声で怒鳴りつけるなどするのでしょう。もちろん、わたしには怒るつもりなどなかったので、担当者もほっとした表情を見せて、その場に和《なご》やかな空気が流れました。わたしもいい気持ちになりました。いい気持ちは伝染するのです。

これはほんの小さなエピソードですが、こうした寛容の精神が少しでも広がると、空港などの公共スペースはもっと快適な空間になるでしょうし、結果的にサービスの向上にもつながるはずです。

なにがあっても怒らない聖人君子になるべきだとは言いません。しかし、自分が怒るときには相手ではなく、その周囲にいる数多くの人にも影響を与えていることを自覚しましょう。特に公共の場では、なおさらその意識が必要です。

習慣 29

# 歩く速度で街を見る

わたしがハワイの魅力をより深く知るようになったきっかけは、ランニングです。マラソンはきらいだったのですが、自分の足でハワイの地を走るようになってから、より多くの魅力を発見することになりました。

ハワイにかぎらず、世界各国の観光地では観光客を乗せたツアーバスがたくさん走っています。ですが、ツアーバスで効率よく観光スポットを廻ったところで、その土地の魅力を知ることなどできません。

たとえば、オアフ島を1日で周回する観光プランがあったとします。たしかに効率よく主要観光スポットを見ることはできるでしょうが、これは特定の場所を「点」で押さえるだけで、ハワイそのものを知ることにはつながりません。移動中の車内ではせっかくの景色も流れていくだけです。

一方、効率を度外視して、歩いたり自転車で廻るようにすると、まったく違ったハワイを知ることができます。それまで「点」で眺めていた景色が「線」でつながるからです。

さらに「線」を別方向につなげていくと、今度は「面」になります。ここでようやく、その土地が持つ本当の魅力を知ることになるのです。

これは観光地にかぎった話ではありません。日本のオフィス街であっても住宅街であっても同じことが言えるでしょう。

早い話、電車に乗らず1駅分歩くだけで、その道のりを「線」で知ることになるのですし、実際歩くスピードで街を眺めると、たくさんの発見があります。

自動車や電車のような乗り物は、たしかに効率的です。人間の足ではとても及ばないスピードによって、移動時間を大幅に短縮してくれます。しかし、車や電車に乗らないで歩くことによってスピードを落とし、はじめて見えてくる風景があることを忘れてはいけません。ちがった発想が生まれてくるのです。

電車の1駅分歩いても、せいぜい15分程度でしょう。アイデアに煮詰まったとき、イライラが続くときなどは、歩くスピードで街を眺めることで**「街から気づきを得る」**という方策があることを覚えておきましょう。

習慣 30

# トレンドに翻弄されない

わたしは学生時代に、女性ファッション雑誌でアルバイトをしていたことがあります。そのとき強く思ったのは「トレンドとはつくられるものだ」ということです。簡単に言えば、人気があるからメディアが取り上げるのではなく、メディアが取り上げるから人気が出るわけです。学生のわたしにとって、トレンドがつくられていく現場に居合わせることができたのは非常に貴重な経験でした。

トレンドは人為的であるからこそ、これからも目まぐるしく変化していきます。ビジネスとして「つくり手」の立場に立ってみれば、定期的にトレンドを更新することで市場の活性化を図《はか》ろうとするのは当然の話です。そこに流行の実態があろうとなかろうと、彼らは次々に新しいトレンドをつくっていくでしょう。もしも流行らなかったら更新するだけの話です。

ここまで理解できれば、トレンドを追いかけることがいかに無益な行為であるか、よくわかるでしょう。

トレンドに翻弄されることは、「つくり手」の論理による実態のない情報に踊らされ、貴重な時間とお金を奪われることなのです。さらに、定期的に更新されていくトレンドを追いかけようとしたら、相当な労力が必要になります。

これもハワイのような場所で過ごすとわかることですが、彼らはトレンドなどほとんど気にしていません。ファッションも食べ物もお店も、ずっとスタンダードなものが愛されています。ハワイアンたちが気忙しさやストレスと無縁な毎日を送っている理由は、こんなところにも隠されているのです。

ビジネスの上ではトレンドに敏感であることも大切でしょうが、プライベートやライフスタイルそのものまでトレンドに翻弄されていてはいけません。**トレンドに左右されるということは、他人に左右されるということで、結局は自分の軸がしっかり定まっていない証拠なのです。**

逆に言うと、自分の生き方やライフスタイルが定まってしまえば、もうトレンドに翻弄されることもなくなります。トレンドという観点から、もう一度自分の「軸」がどこにあるか考えてみましょう。

# 習慣31 五感のすべてをゆるくする

照明を変えて視覚のリラックス効果を実感したら、今度は聴覚や嗅覚にもゆるさを取り入れていきましょう。

わたしは仕事をするとき、ダンス系のアップテンポな音楽を聴くようにしています。こうすることで気分が盛り上がり、仕事のテンポも速くなるからです。

一方、仕事以外のときにはテンポの速い音楽は聴きません。むしろ逆に、テンポのゆったりしたゆるい音楽を聴きます。特におすすめしたいのはハワイアン・レゲエで、これはジャマイカ生まれのレゲエ・ミュージックとハワイアンが融合していることから、別名「ジャワイアン」とも呼ばれるハワイでは非常にポピュラーな音楽です。

おそらく、日本の方々が想像する昔ながらのハワイアンとは全然違うはずなので、まずは左ページのリストを参考に試聴してみてください。アップテンポの曲も多いハワイアン・レゲエから、スローテンポな曲ばかりを選んでみました。荘厳なクラシック音楽から得られるリラックス感とは一味違った、南

曲名 / アーティスト名 / アルバム名

1 Darling Angel / Rebel Souljahz / Nothing to Hide
2 The One / Rebel Souljahz / Nothing to Hide
3 Nothing to Hide / Rebel Souljahz / Nothing to Hide
4 Pualena / Vika / Island Love Jams
5 I wanna Love You Tonight / Pati / Redemption
6 Always On My Mind / Dáville / strictly the Best, vol 36
7 This time I promise / Dáville / Strictly the Best, vol 38
8 All my Life / Dáville featuring Marcia Griffiths / On My Mind
9 Just One Night / Ekolu / Shores of Waieth
10 Need me (Every Night) / Hóokoa / Need Me (Every Night)
11 In Da Morni'n / Az featuring Fiji / Island Loves Jams
12 Fall In the Love Again / Aziel / Island Roots V4
13 Eazy On The Eyes / Ka'u / Island Loves Jams
14 Sittin' In my Rooms / Zacc Kekona / Island Roots V.4
15 Undercover Lover / 3Plus / Three Plus For you
16 Show me / Nesian N.I.N.E / Press Play

国特有のゆるさを満喫できると思います。

また、香りについてはハワイの伝統的な花であるプルメリアを使ったディフューザーを使っています。ランプやキャンドルの熱を使って香りを拡散させるアロマポットと違い、ディフューザーは熱を使わないので、精油本来の香りを長期間にわたって愉しむことができます。

いろいろと試した結果、わたしが愛用しているのはハワイにあるマリエ製のリードディフューザーです。これは1万円前後とやや高めの価格なのですが、ハワイ産のオーガニックな原料だけを使っていることもあり、他とは比べものにならないほど自然な、心地よい香りとなっています。

オーガニックなので、お子さんやペットのいる方にも安心して使っていただけるでしょう。仕組みとしては、精油の入ったビンに天然の葦（リード）を挿し、葦が精油をゆっくり吸い上げることによって香りが拡散していくようになっています。デザイン的にもシンプルで、どんなタイプの部屋にも馴染んでくれるはずです。

続いて、部屋を居心地のよい空間に変えるためには、植物の存在も欠かせません。家の中に緑がなにもなく、ただ人工物だけに囲まれて過ごしていては、ストレスもたまる一方でしょう。海にしろ緑にしろ、自然にはそれだけで心を潤してくれる力があるものです。

ただし、わたしのような面倒くさがりやのなまけものは、手のかかる植物では枯らしてしまうこともあります。ですので、なるべく手のかからない観葉植物、たとえばパキラやサンセベリアのような植物からスタートするといいでしょう。これらは月に1回くらい水をやっておけば、あとは勝手に育っ

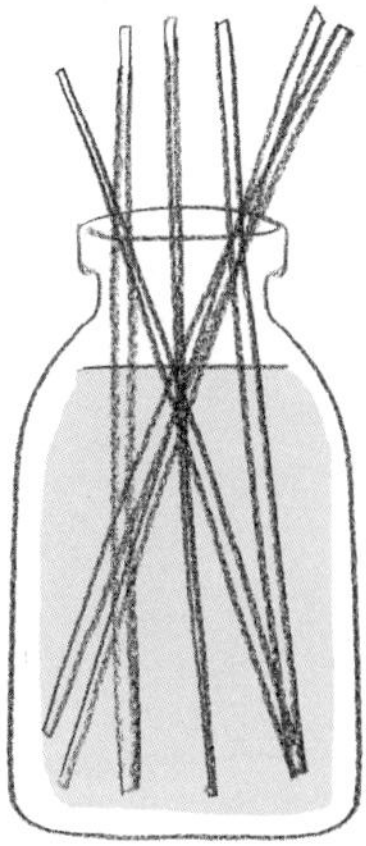

てくれます。

また、部屋に写真や絵を飾ること。日本の家庭では、玄関や床の間に絵を飾ることはあっても、リビングなど生活空間に絵を飾る習慣はあまりありません。しかし、いちばん長い時間を過ごす生活空間にこそ絵や写真が必要なのです。

わたしの場合、「リノ・マカニ（輝く風）」をテーマにハワイを撮り続けている写真家、高山求さんの写真や、ハワイ在住の女性アーティスト、ヘザー・ブラウンさんの絵など、ハワイを感じさせてくれる絵や写真を飾ることで、日本の家にもゆるい雰囲気を出すようにしています。

習慣 32

# おいしいものにこだわる

このところ、若い世代を中心に食に対する意識が大きく低下しているようです。

安ければなんでもいい、満腹になればなんでもいい、胃に入ってしまえばなんでも同じだ、カロリーが低ければそれでいい、栄養を補給できれば十分だ、といった感じで「おいしいもの」への欲求が薄れているように思われます。

たしかに、空腹を満たすだけなら手早く済ませるほうが合理的でしょう。栄養補給の観点から見ても、サプリメントなどを組み合わせれば効率的に栄養バランスを満たすことができます。

しかし、そもそも食事とは、合理性や効率性からもっとも遠いところにあるべきものです。空腹を満たすだけの食事、栄養を補給するだけの食事では、自動車にガソリンを入れているのと変わりがありません。むしろ忙しいときほど、ゆっくりとおいしい食事をとることが大切なのです。

**そして食事のいいところは、「おいしいものを食べたら例外なく気分が盛り上がる」という点です。おいしいものを食べて不機嫌になる人はいません。**

**これは生理的な反応なので、かならず満足感が得られます。**

ということは、われわれは1日に3回、年間で1000回以上も上機嫌になるチャンスを与えられているわけです。ここでわざわざおいしくないものを食べて不機嫌になる道を選ぶか、それともおいしいもので上機嫌になる道を選ぶかは、考えるまでもない話でしょう。

そのためわたしは、おいしいお店を探すことについて、絶対に手を抜きません。

東京でもハワイでも、また出張先でも、必ずしっかりと食事の時間を確保して、出張先であれば現地の人に評判を聞くなどして、おいしいものを食べるようにしています。そしてちょっと真剣になって探してみれば、値段の張らないおいしいお店はたくさんあるのです。

**食事と睡眠は人間の根幹に関わる大切な要素です。**忙しいからと言って食事や睡眠をおろそかにすることなく、おいしい食事と質の高い眠りをぜひ確保するようにしましょう。

習慣33

# 行きつけのゆるい店をつくる

おいしい料理には、大きく2つの条件があります。

ひとつは「料理がおいしいこと」。そしてもうひとつが「おいしく食べられる環境であること」。もちろん料理のおいしさも大切ですが、わたしが毎日を気持ちよく過ごす上で特に大切にしているのは、後者の「環境」です。

たとえば、三つ星やそれに類するようなレストランに行けば、簡単においしい料理を食べることができます。しかし、高級店にばかり通っていたらお金はいくらあっても足りませんし、そもそも単なる高級店ではリラックスできません。

では、リラックスできる条件とはなんでしょうか？

この答えははっきりしていて、なによりもまず、行きつけのお店であることです。どんなにカジュアルなお店であっても、初めて入るお店では「お客さん」でしかありません。お店の人の扱いも「お客さん」ですし、あなた自身もどこか構えたような状態が残るでしょう。

しかし、行きつけになってしまえば話は変わります。お店の人と顔見知りになり、ただの「お客さん」としてではなく、まるでわが家にいるように「自分」としてお店に居場所を持てるようになるのです。ですから、まずは会社の近くに1軒と、自宅の近くに1軒の行きつけをつくってみましょう。その後、たとえば渋谷、青山、恵比寿などエリアごとに1軒ずつの行きつけを増やしていくといいでしょう。

わたしが行きつけのお店を選ぶポイントは、次の3つです。

**(1) 雰囲気……カジュアルで居心地がよく、オープンテラスがあればベスト**

**(2) 料理……おいしさと印象に残る料理**

**(3) スタッフ……スタッフとの相性とサービスの質**

特に大切なのは3番目の「スタッフ」で、たとえ料理がおいしくても、スタッフとの相性が悪ければ居心地は悪いままです。

ガイドブックを見てお店を選ぶ人は多いと思いますが、そもそもガイドブックに載っているからといって自分に合うかどうかはわかりません。時間をかけて、自分の足で本当に自分に合ったお店を探していきましょう。

習慣34

# 趣味を通じて新しい仲間をつくる

学生時代はいろいろ趣味があったけど、大人になったら趣味どころではなくなってきた、という人は多いのではないでしょうか？

わたしは、大人になってこそ趣味を大切にするべきだし、大人にとっての趣味とは「目的」であると同時に、もっと大きなものを手に入れるための「手段」なのだと思っています。

まず、趣味を通じて自分が楽しむこと。好きなことに没頭して、日常のストレスから解放されること。これは趣味の「目的」にあたる部分です。わたしもサーフィンをしているときには、他のすべてを忘れて夢中になれます。

また、趣味に本気で取り組んでいると、必ず仲間ができます。

特に最近では、インターネットのおかげで同好の士を簡単に探すことができるため、出会いのチャンスは格段に増えてきました。つまり趣味とは、新しい仲間と出会うための「手段」でもあるのです。

そしてゆるく生きていこうと思うなら、ぜひ趣味をつくり、趣味の仲間をつくっていきましょう。

たとえば、仕事を通じて得た仲間には、多かれ少なかれ利害関係が生まれてしまいます。そして、どうしても「この人と付き合ったら得だ」とか「嫌なやつだけど我慢しよう」とか「嫌われたら大変だ」といった計算が働いてしまうため、なかなか腹を割った付き合いができません。

**ところが、趣味の仲間には利害がありません。**

年齢も肩書きも関係なく、ただ共通の趣味と人柄という、ゆるい接点を頼りに付き合うことになります。気が合わない相手とは無理して付き合う必要もないし、逆に趣味という接点があるおかげで、会社や学校では絶対に友達になれないようなタイプの人と仲良くなることもあります。複雑な利害を気にしながら生きることの多い大人の社会にあって、こうした仲間の存在は本当に貴重なものです。

また、仕事を起点につながっていった仲間は、どうしても同業の同年代に偏りがちになります。そうすると、みんなが同じような悩みを共有しているため、話題の大半は仕事のことになって、いつの間にかストレスをためてしまいます。

特に愚痴や陰口になったり、嫉妬や対抗心が生まれたりと、意識がネガティブな方向に向かいやすいのが、仕事仲間の特徴です。

一方、趣味を接点としてつながった仲間は、さまざまな業界の人間が集まるので、仕事の話などほとんど出ません。話題の中心はあくまでも趣味なので、話しているだけでも仕事のことを忘れることができます。

その意味で趣味とは、自分のプライベートを仕事から守る「防波堤」のような役割を果たしてくれるのです。

また、趣味の仲間と付き合っていると、自分が常識だと思っていたことが、じつは業界内の狭い常識だったと知ったり、自分とまったく違った人生観・仕事観を目《ま》の当たりにしたりと、仕事仲間からは到底得られない新鮮な刺激に満ちています。わたし自身、ワイン、サーフィン、トライアスロンの仲間からさまざまな刺激を受けましたし、それは現在のわたしを形づくるのに大きく寄与しているはずです。

それでは、趣味がない人はどうしたらいいのでしょうか？

まず言っておきたいのは、趣味と仕事は完全に切り離すべきだ、ということです。たとえば「ゴルフがうまくなれば接待で役に立つ」と思って始めるゴルフは、純粋な趣味とは言えません。おそらく練習中、頭の片隅に仕事のことが残ったままになるでしょう。

そして、決して無理をしないこと。ゴルフでもテニスでも、しばらくやってみて自分に合わないと思ったらさっさとやめて構いません。趣味なんて基本的に選び放題なのですから、いくつも試していけばきっと自分にぴったりな趣味が見つかるはずです。無理に続けてストレスをためてしまっては、元も子もないでしょう。

また、趣味の継続には仲間の存在が不可欠です。わたしのチームにも、走ることは苦手だけど仲間と集まるのが楽しいから続けている、という人は何人もいます。まずはなんでもいいから趣味を見つけ、仲間を見つけましょう。利害関係のない仲間の存在は、本当に心地よいものです。

習慣 35

# スーツをやめてネクタイを捨てる

まず最初に、原則としてわたしはスーツを着ません。ましてネクタイを締めるなんて、考えられないことです。これには単純にスーツが嫌いで、文字通りゆるい恰好をしていたいという理由もあるのですが、もっと大きな意味があります。

**服装とは、その人のライフスタイルを表すものだと考えるからです。**

スポーツが好きな人は自然とスポーティーな服装になるでしょうし、登山やキャンプが好きな人はアウトドア系の服装になるでしょう。それ以外にも、シンプルなのか派手なのか、モノトーンなのか原色系なのかといった部分にも、その人の価値観やライフスタイルが反映されます。

ところが、ずっとスーツばかり着ていると、これら私服の特徴が薄れていきます。無難な服、家にある服、さらには家族が買ってきてくれた服で済ませるようになり、どこにもその人らしさが見出せなくなっていきます。

これはとても恐ろしい話です。私服から特徴がなくなることは「スーツ＝会社」が生活の中心になって、プライベートでの自分を見失っている証拠だからです。プライベートが充実して、ちゃんと自分のライフスタイルを確立していれば、それは必ず服装に現れるはずなのです。

そのため、わたしはスーツを着ないようにしていますし、たとえばフォーマルな服装が義務づけられたパーティーなどには原則として参加しないようにしています。不自然な形で首を絞めるネクタイにいたっては、身体に悪いことをしているとしか思えません。

もちろん、現在会社に勤めている方が明日からスーツを着ないというのは非現実的な話でしょう。しかし、会社が一生面倒をみてくれた時代ならともかく、これからの時代には早めに自分のライフスタイルをつくっておくことが重要です。

せっかくクールビズなどで仕事服もカジュアル化しつつあるのですから、まずはネクタイを外し、スーツを極力避けるようにしましょう。そして「自分の着たいゆるい服」をもっと真剣に考えましょう。

結局のところ、それが自分のライフスタイル選びにつながっていくのです。

習慣36

# 街中でもビーチサンダルを履く

ゆるい服装の代表格といえば、ビーチサンダルでしょう。これは冗談で言っているのではなく、ビーチサンダルには2つの大きなメリットがあります。

まずひとつは、裸足になれること。そして足をいっさい拘束しないことです。極端な言い方をするなら、革靴にせよスニーカーにせよ、靴とは足を型にはめて紐で縛りつけるものです。足の保護という意味があるとはいえ、どれだけ窮屈で緊張状態を強いられているかわかるでしょう。そのため、裸足になって足をいっさい拘束しないビーチサンダルを履くと、それだけで開放的な気持ちになれます。身がまえなくなり、思考もゆるくなります。指もしっかり動くし通気性も最高なので、健康のためにもいいのではないでしょうか。

続いて、これが意外と大事なのですが、ビーチサンダルを履いていると、良くも悪くも走れません。早足で歩くのも難しいですし、エスカレーターを歩いて登ろうなんて気は起こらなくなります。だから自然とゆったりとしたリズムで生活することになり、どこにいてもリラックスできるようになるのです。

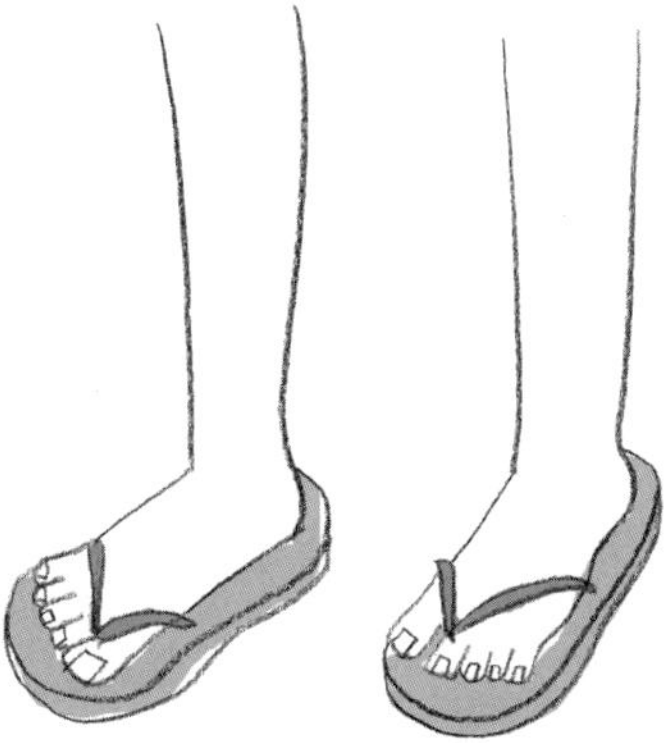

つまりビーチサンダルとは、それを履くだけでゆるい生き方を習慣づけてくれるペースメーカーのようなものだと考えてください。

そこでわたしは、都心用、海岸用、近所用、長距離移動用など、用途に合わせてたくさんのビーチサンダルを持っています。

いろんな用途にあったビーチサンダルがあるので、ぜひ自分に合ったサンダルを探し、履いてみましょう。

足元の感触から歩幅、そして歩くスピードや見える景色まで、大きく変わってくるはずです。

習慣 37

# 寒い季節も重ね着をしない

先にもお話ししたように、服装はその人のライフスタイルを表すものです。ですから、基本的には自分が好きな服、自分がラクだと思う服を選んでいくことがいちばんだと思います。

ただ、ひとつだけポイントを挙げるとすれば、できるだけ重ね着をしないことです。夏の季節に重ね着をしないのはもちろん、秋や冬の比較的寒い時期でも重ね着はしないほうがいい、というのがわたしの意見です。

まずはファッションの側面を切り離して、機能という面から洋服を考えていきましょう。

われわれ人間が洋服を着る理由は、なによりも温度調整です。寒くなったら服や毛皮を着て、暑くなったら脱《ぬ》いでいく。そうやってうまく温度調整することで、自らを守ってきました。

しかし、現在の日本では洋服以外の温度調整機能がいたるところに存在します。空港や電車、カフェやレストラン、さらに銀行まで、おそらく日本で暖房や冷房の効いていない場所はほとんどないでしょう。

そうすると、たとえば冬場にセーターやコートを着込んだまま電車に乗って、暖房のせいで汗をかき、電車を降りたら風邪を引く、という笑うに笑えない話が起こってしまいます。かといって自分の都合で電車やレストラン内の暖房を止めることもできません。

そこで唯一できる対抗策が、重ね着をしないことなのです。わたしは大抵の季節ならTシャツ1枚で過ごしますし、冬場でもTシャツの上からダウンジャケットを羽織る程度です。こうしておくとお店の中に入ってもすぐに脱げますし、体温調整がラクになります。

いちばんよくないのがセーターやトレーナーなど、頭から被《かぶ》るタイプの衣類です。これらは着脱が面倒なので、ちょっとした気温（室温）の変化にすぐ対応することができません。

そしてなにより、余計な重ね着をせずに過ごすことは身も心も軽く、気持ちのいいものです。洋服はライフスタイルそのものだからです。

習慣 38

# 満員電車を避ける

おそらく、世の中に満員電車が好きだという人はいないはずです。

自らのプライベートスペースを著しく侵害され、身動きとれないままの姿勢で緊張と不快感だけが蓄積されていく満員電車は、負の感情がこれ以上ない形で渦巻いている一種異様な空間です。もちろんこんな空間に何十分も閉じこめられていては、どんな温厚な人でもイライラするしストレスがたまってしまいます。これから1日が始まるという大切な時間を満員電車で過ごすことは、どう考えてもマイナスの影響しかない行為でしょう。

そして不思議なことに、多くの人は満員電車を「仕方のないもの」「避けられないもの」と考え、ある意味で受け入れています。

しかし、満員電車とそこからくるストレスは簡単に避けられるものです。毎朝30分か1時間でも早く家を出れば、かなり混雑を回避できます。そして以前のわたしがそうだったように、始発電車に乗ってしまえば余裕を持って座ることもできるのです。

満員電車のためだけに1時間も早起きしたくない、朝はゆっくり寝ていたいという人は、こう考えてください。仮にあなたの通勤時間が往復1時間だったとした場合、年間では250時間も満員電車のストレスにさらされていることになります（勤務日を250日と計算）。

では、いったい年間250時間も極度のストレス空間に置かれている人と、早起きのおかげでそれを避けられる人と、どちらのほうが充実した人生を送れるでしょうか。しかも、早起きにはたくさんの脳科学的メリットがあるのです。冷静になって考えれば、迷う理由はないと思います。また、最近の都心部では欧米のように自転車で通勤するスタイルも広まりつつあります。これは健康面や気分転換という意味でも、満員電車の何十倍も魅力的な選択肢でしょう。

そしてどうしても朝が弱いというのなら、思いきって会社の近くに引っ越すか、あるいはフレックス制や在宅勤務が選べる会社に転職することも真剣に考えるべきでしょう。満員電車のストレスは、それくらい大きな問題なのです。

# PART 3

# 行動編

習慣39

# ゆっくり歯磨きする

これまでの著作でも紹介してきた話ですが、わたしは毎朝日の出とともに起きるようにしています。夜にカーテンを開けたまま眠り、朝陽が差し込んできたらそのまま目覚めるのです。この習慣を続けていると脳の体内時計が自動的に調整されるため、海外に行っても時差ボケに苦しむことがありません。

早起きのメリットはたくさんありますが、ベストセラー『なぜ、「これ」は健康にいいのか？』の著者で、順天堂大学の医学部病院管理学・総合診療科教授・小林弘幸先生から面白い話を聞きました。

われわれ人間の自律神経は、大きく交感神経と副交感神経に分けられ、互いにうまくバランスを取ることで心身をコントロールしています。そして過度なストレスがかかると、副交感神経が沈静化し、集中力がなくなってイライラしてしまいます。

一流のゴルファーが大舞台になると短いパットを外してしまうのは、その典型です。自律神経が乱れると、目測《もくそく》で捉えたカップまでの距離、脳から手

先に伝える「これくらいの力で打て」という指令、そして実際の手の動きがバラバラになってしまい、短いパットも入らないのです。

そして実際、これはわれわれの日常生活でも同じことが起こります。

たとえば、朝、バタバタ急いで出かける準備をしていると、家の鍵や財布や定期券など、目の前にあるのに見えてなくて、あちこち探したりしてしまうことがあります。

小林先生によると、自律神経の乱れは記憶や認識に大きな影響を及ぼし、目では財布や定期券の姿を捉えているのに、脳がそれを手に取ろうと考えないのだそうです。

もちろん、こんな状態のまま仕事をしてもミスをくり返すばかりで、とてもいいパフォーマンスは発揮できないでしょう。

それでは、どうすれば自律神経のバランスを整えることができるのでしょうか？

**答えは非常に簡単で、朝の歯磨きをゆっくりおこなうこと。**

ただそれだけで副交感神経が活性化して、その日1日のパフォーマンスが変わってくるのだそうです。

小林先生にそのことを聞いてから、わたしは歯磨きをはじめとする朝の準備をゆっくり十分な時間をかけてやるようにしました。するとストレスもなくなって、その日1日のパフォーマンスが全然違ってきたのです。特にトライアスロンの大会前などにその効果を実感しました。以来大会の前には必ず意識的にゆっくり歯を磨き、朝の準備をすることにしています。

また心理的な面から考えても、ゆっくり歯を磨くことは、朝のぼんやりし

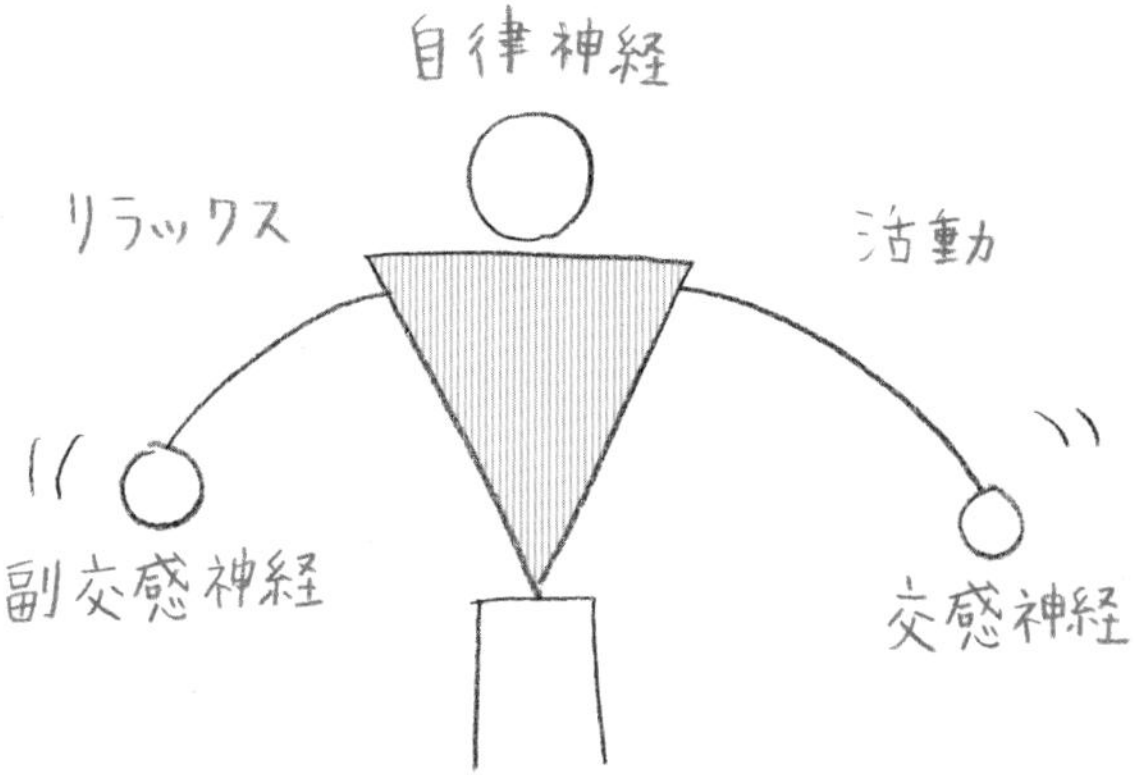


た頭をリセットさせ、始動モードに切り替えるのに役立ちます。口の中がスッキリすれば目も覚めて気分もリフレッシュできるし、一石二鳥です。

時間にしてもせいぜい3分程度で、朝の準備にかかるトータルの時間はほとんど変わりません。

朝のわずかな手間を惜しんでその日1日を台なしにするなんて、あまりにもったいない話です。

早起きが苦手で毎朝バタバタしてしまう人、そしていつもイライラして集中力が散漫な人ほど、ゆっくり歯磨きしましょう。

習慣 40

# エレベーターの「閉」ボタンを押さない

わたしがハワイで生活するようになって、まず最初に驚いたのは気候でも料理でもなく、エレベーターでした。現在わたしが住んでいるコンドミニアムは47階建てなので、1日に何度となくエレベーターを利用します。はじめにびっくりしたのは、エレベーターのドアの開閉速度が信じられないくらい遅いこと。おそらくは高齢者や車椅子の方々に配慮したバリアフリー設計なのでしょう。特に閉まるときには、かなりの時間をかけてからゆっくりと閉まるようになっています。

当然、わたしは「閉」ボタンを押したくなるのですが、同乗している住人たちは誰ひとりとしてそんな素振りを見せません。たとえ乗り降りする人がいなくても、そのまま静かに見守っているのです。エレベーターによっては、最初から「閉」ボタンのついていないものさえあります。

考えてみれば、これは当然の話でした。「閉」ボタンを押したところで、そこで稼げる時間はせいぜい数秒のことです。しかも乗り降りにかかる時間を気にしていると、他の乗降者に対して「早く乗れよ」とか「早く降りろ」

など、余計な苛立ちを感じてしまいます。

だったら、「閉」ボタンなんて最初からないものとして考えればいいわけです。別に数秒ロスしたとしても気にする必要はありません。のんびりと待っていれば、必ず目的の階まで到着します。最初のうちはボタンを押したくなるでしょうが、徐々に慣れてくるでしょう。

もちろん、「閉」ボタンを押さないという行動そのものは、小さな一歩にすぎません。しかし、ここで大切なのは**「必要以上に急ぎすぎない」**という感覚を自分の心と身体に染みこませること。たとえば出社時のエレベーターでこれをやっておくだけで、1日は驚くほどゆとりあるものに変わります。

ちなみに、同じアメリカでもニューヨークのような大都市でエレベーターに乗ると、やはりみんな「閉」ボタンを押すようになります。ですからこれは日本人の国民性というより、都市の環境が人を急がせ、余計なストレスを生み出す仕組みになっているのでしょう。

習慣 41

# エスカレーターで歩かない

エレベーターでの習慣づけができたら、今度はエスカレーターでも同じことをやってみましょう。エスカレーターに乗るときは歩かない、という習慣です。

現在、日本ではほとんどのエスカレーターで「片側を空けて1列になって乗る」という姿が一般的になっています。片側を空ける理由は、急ぐ人に道を譲るため。つまり急いでいる人はエスカレーターを歩いて上るのが当然だと見なされているわけです。しかし、ハワイのショッピングモールなどに行くと、エスカレーターの片側を空けるような乗り方は誰もしません。おそらく、エスカレーターで歩くという発想そのものが存在しないのではないかと思われます。もちろん「買い物はともかく、通勤で急いでいるときにはエスカレーターを歩きたくなる」という気持ちはわたしにも理解できます。

ですが、そもそもエスカレーターという「動く階段」は、立ち止まって乗ることを前提につくられています。だから横幅も狭く、歩いたり追い越したりするには不向きなのです。しかも人がびっしり並んで乗降するものなので、

無理に駆け上がったりすると、人とぶつかって将棋倒しになるなど事故の危険性も絶えません。そこで今後は、急ぐときには階段を使うようにしましょう。階段なら幅も広く取ってあるし、エスカレーターのように人がつまってイライラすることも少なくなります。そしてエスカレーターに乗るときには、気分を落ち着かせてのんびりとひと休みするのです。

競争の舞台は、ビジネスだけで十分です。車の運転にしろエスカレーターにしろ、中途半端な競争心を煽られてストレスをためても、誰ひとり得しないのだと理解しましょう。

習慣 42

# 扉を開けたまま次の人を待つ

ハワイで生活していて面白いと思うのは、普段はそんなことをやっていないはずの日本人が、つい「日本ではやっていないこと」をしてしまう、という点です。

たとえばハワイの人々は、ビルやオフィスの入口でドアを開けると、後ろに続く人がやってくるまで手でドアを開けたまま待っていてくれます。日本でもすぐ後ろに知人がいれば開けて待つこともあるでしょうが、彼らは5メートルや10メートル後ろの他人に対してもドアを開けて待つのです。もちろん、後ろからやってくるのが見知らぬ日本人観光客であっても、同じようにドアを開けて待っていてくれます。

さて、注目すべきはこうしてドアを開けてもらった日本人が、どう感じるかです。わたしの知るかぎり、「ハワイの人は優しいな」と感心して、無意識のうちに「今度は自分も誰かにドアを開けてやろう」と考え、実践するようになる人も多いのではないでしょうか。

**これは自分の心に大きな変化をもたらします。**

たとえば、1日のうちにドアを通る機会が10回あったとしましょう。

このとき、ドアを開けたまま次の人を待つAさんは、1日10回は誰かに感謝され、「ありがとう」の言葉を聞き、誰かの笑顔を見ることになります。

一方、他人のことなどまったく考えず、そのままドアを素通りしていくBさんは、誰かに感謝されることも笑顔を見ることもありません。むしろ他人と肩をぶつけたり押し合ったりして、ストレスの種ばかりが増えていきます。

すると半年後、Aさんの心には合計1800回もの感謝や笑顔が蓄積され、Bさんの心にはたくさんのストレスが蓄積されています。どちらがストレスフリーな生き方であるかは、言うまでもないでしょう。

ハワイの人々がドアを開けて次の人を待つのは、別に彼らが日本人より生まれつき優しいからというよりは、そうすることが習慣となり、互いの行為が伝染し合っているからやっているだけなのです。

**仕事のストレスから解放されたい人にほどおすすめしたい、毎日できる習慣です。**

習慣43

# 人が多い場所には行かない

心理学の世界には「パーソナルスペース」という概念があります。他者に侵入されると不快に感じる「縄張り」のようなもので、相手によって範囲が変わってきます。

たとえば、上司や取引先のように多少距離のある関係だとパーソナルスペースは半径120センチまで。個人的に親しい友人でも半径45センチまでで、それ以上近づかれると不快に感じることがわかっています。ちなみに、半径45センチよりも近づくことが許されるのは家族や恋人のみということです。

満員電車が不愉快きわまりないのは、まさにこのパーソナルスペースを侵害されるからですし、同じく満員のエレベーターなども気分のいいものではありません。これらの拒絶反応はほとんど生理的なものなので、慣れや訓練では解決しようもない問題なのです。

ストレスのない生活を送りたければ、できるだけパーソナルスペースを侵害されないこと、つまり人混みに近づかないことが重要になります。

人が多ければ、↓待ち時間が長くなる↓ルールを守らない人が多くなる↓

混乱する↓その混乱が伝染してストレスがたまるのです。

たとえば夏の花火大会などは典型的な例でしょう。花火そのものはきれいで楽しいものですが、大きな催しになるとかならず人混みになります。肩と肩がぶつかったり足を踏まれたり、パーソナルスペースどころではありません。だったら、遠くからのんびり眺めるほうがずっと気持ちいいでしょう。

ディズニーランドなどのレジャー施設なども同様で、明らかな混雑が予想される日は避けて、なるべく人の少なそうな日に出かけるべきです。せっかくの休みを満喫しようと出かけるのに、アトラクションは○時間待ち、レストランも大混雑……とストレスにさらされるようでは、なんの意味もありません。平日に有給休暇をとって出かけましょう。そうすれば混雑のストレスに伝染することはありません。

レジャー施設へは平日休みをとっていく、満員電車を避けるために、通勤時間をずらす、誰でもやろうと思えばできないことはないのです。

習慣44

# モノを減らして身軽になる

わたしにとって、昨年の個人的なテーマは「モノを減らす」ことでした。

わたしを含め、片づけが苦手な人が片づけられない最大の理由は、部屋にモノが多すぎることです。一般に、モノを買い込んで増やすことは簡単ですが、減らすことはそう簡単なことではありません。

そして多くの人は、片づけのことを「キレイにすること」だと思っています。しかし、部屋がモノで溢れていては整理整頓にも限界がありますし、ほんとうに片づくことはありません。**片づけのファーストステップはモノを減らすこと、具体的にはモノを捨てていくことなのです。**

じつはこの数年、わたしは「ハワイの家は好きなのに、東京の家は好きじゃない」という状況が続いていました。当初は気候や環境のせいだと思っていたのですが、どうも違います。東京の家は、なんとなく暗くて空気が滞留している感じがするのです。その理由が東京の家にモノが多すぎるせいだと気づいたのは、しばらくあとになってからのことでした。

そこであるとき、思いきって「モノを捨てる日」をつくって家の中にあるモノを捨てていきました。本や洋服はもちろん、家電製品や家具まで専門の業者に引き取ってもらい、家にあったモノの半分近くを処分したのです。もともと、わたしにコレクションなどの趣味はないのですが、それでもかなりたくさんのモノに囲まれて過ごしていたことをあらためて痛感しました。

ここまでやると、家の中の風景がガラッと変わります。部屋全体が明るくなるし、風通しもよくなって気分的にすごく身軽になれます。そもそも、われわれが普通の生活を送っていくのに、そんなにたくさんのモノは必要ないのです。

また、モノを捨てる作業は一種の棚卸《たなおろ》しのようなもので、**「自分にとってなにが大切なのか」**を再確認する作業にもつながります。

最近ではインターネットオークションなどを利用することで、不用品を上手に再利用することもできます。

年に1度でいいので「徹底的に捨てる日」をつくって、自分の心を棚卸し、居住環境をリセットしましょう。

習慣45

# 貰いものをしない

モノを捨てることに成功したら、今度は余計なモノを増やさない仕組みをつくっていきましょう。まずやってほしいのが「貰いもの」を断ることです。特に、キャンペーングッズやノベルティグッズのように無料で配られるものに関しては、余程のことがないかぎり貰わないようにしましょう。

たとえば、銀行で口座を開いたら特典としてカレンダーやキッチン用品などをプレゼントされることがあります。わたしの場合、たとえ家にカレンダーがなかったとしても、ここでは貰わないようにします。

理由は簡単で、ものを増やしたくないからです。**自分が欲しいと思っているもの以外のものを増やしていくと、結局は生活の質が下がってしまうからです。**カレンダーにせよその他のノベルティグッズにせよ、自分で選んだものを使ったほうが気持ちいいに決まっています。まして、使うあてもないのに「タダだから」と貰っていては、部屋の中はあっという間に余計なガラクタで溢れてしまうでしょう。

貰いものをしないことに慣れたら、今度は買い物そのものを減らしてみま

しょう。
　必要がないときは買い物に行かない。目的のもの以外に欲しくなったら、すぐに買わずに再考するクセをつける。一度家に帰って時間をおくと、大抵のものは欲しくなくなるはずです。
　また、わたしは買い物をするとき、その商品が部屋に置かれた姿を具体的にイメージします。もしそこで違和感を感じるようなら、その商品は自分にとって「余計なもの」なのです。
　買い物は楽しいものではありますが、一時の楽しさのため後々面倒なことにならないよう気をつけましょう。

習慣46

# 車のクラクションを鳴らさない

ハワイで暮らしていて、彼らの持つ譲り合いの精神をもっとも強く感じるのは、車を運転しているときかもしれません。たとえばハワイの高速道路で側道から合流しようとするとき、現地のドライバーたちはほとんど間違いなく道を譲ってくれます。そして譲ってもらったほうは「シャカ」と呼ばれるサイン（親指と小指を立てて広げるサイン）で「ありがとう」の気持ちを伝え、相手も同じサインで「どういたしまして」の気持ちを伝えます。

そしてハワイで運転していると、後続車から煽《あお》られるということもまずありません。前の車がゆっくり走っていたら自分もゆっくり走ればいい、というのが彼らの考えです。そのため煽ることもなければ、無理な車線変更をして追い越そうとすることもありません。

さて、こうしてみんなが譲り合いの精神を持ちつつ安全運転に努めていると、街中に面白い変化が見られます。

**街のどこからもクラクションの音が聞こえないのです。**

一方、東京をはじめとする日本の都市にはクラクションの音が溢れています。もちろん、事故を回避するためには緊急のクラクションが必要でしょう。

しかし実際には、割り込んできた車に腹を立ててクラクションを鳴らす人や、渋滞のストレスから鳴らす人、前方の車を煽るために鳴らしている人もかなり多く見受けられます。クラクションが本来の「危険回避」という目的から離れ、怒りや苛立ちを表す道具になっているのです。しかもクラクションは、道路運送車両法という法律によって音量や音色が定められ、人を威嚇《いかく》するような音になっています。こんな環境で運転していたら、ストレスがたまるのも当然でしょう。怒りや苛立ちの感情がどんどん伝染していって、街中がギスギスした空気に包まれてしまいます。

好きな音楽を聴きながら運転することは、本来とても楽しい行為です。

そこで今後は、合流してくる車に道を譲り、割り込んできた車にもクラクションを鳴らさず、しっかり車間距離をとって、好きな音楽でも聴きながら運転そのものを楽しむようにしてみてはいかがでしょうか。

習慣47

# プライベートで名刺交換しない

プライベートな場で初対面の人に会うとき、もっとも避けていただきたいのは名刺交換をすることです。

会社名や肩書きの入った名刺には、一種独特な力があります。

たとえば、あなたが名刺交換した相手が「世界的大企業の管理職」だった場合と、「名前も知らない会社の一般社員」だった場合では、たとえプライベートな場であっても、なんとなく対応が変わってしまうでしょう。

これは相手にとっても同じことで、あなたが名刺を渡すことによって相手に余計な先入観を与えてしまうのです。目に見えない上下関係ができてしまうこともあるでしょうし、あなたとの付き合いをビジネス的な損得勘定でカウントされる可能性も高くなります。これでは、とても本音で語り合えるような関係には発展していきません。プライベートにおける名刺は、人間関係のノイズにしかならないのです。

それでは、どうしてプライベートでも名刺交換してしまうのでしょうか？

おそらく、自分を語る言葉を持っていないためでしょう。自分を言葉で説明することに慣れていないから、名刺に頼ってしまうのです。

そこでわたしの主催するセミナーでは、参加者の方々に名刺を使わずに自己紹介するようお願いしています。ビジネスの現場で名刺交換しないのはマナー違反になるでしょうが、少なくともプライベートでは名刺を使わずに自分を語れるようになっておきたいものです。

わたし自身、自分のトライアスロンのチームでは名刺交換などやったこともありませんし、いまだにどんな仕事をしているのか知らないメンバーは何人もいます。練習で会うので、名刺など持ってこないからです。それでも同じ趣味を持ち、同じ価値観を共有できているので、なんの問題もなくいい関係が続いています。

**まずはプライベートで名刺を持ち歩かないことです。そして相手から名刺を渡されても、言葉で自分を語ることです。**最初は難しく感じるかもしれませんが、自分がどんな人間なのかを再確認することにもつながるし、なんの先入観もない、本当の友人関係ができていくことでしょう。

習慣48

# 敬語と「さん」付けを禁止する

わたしのトライアスロンのチームでは、基本的にファーストネーム（下の名前）かあだ名でお互いを呼び合うようにしています。特に厳禁しているのは苗字に「さん」をつけて呼ぶことです。

理由は簡単で、苗字に「さん」などの敬称をつけて呼ぶと、その瞬間から目に見えない心的距離ができてしまうからです。これは呼ばれたほうにも距離ができますし、呼んだ本人にも距離ができます。

もう少し詳しく説明すると、そもそも「さん」や「様」といった敬称自体、相手との距離や上下関係を示すために存在するものです。そして一般に「さん」という敬称には、一定の敬意や遠慮が込められています。

また、苗字で呼ぶのもよくありません。苗字とは文字通りファミリーネームであって、その人本人を指す名前ではないのです。きっとあなたも、苗字で呼ばれるより下の名前で呼ばれるほうが、ダイレクトに響くのではないでしょうか。そして海外に住んだ経験のある方なら、互いをファーストネームで呼び合うことの気楽さや親密感がどれほど心地よいものであるかは、よく理解できるはずです。

ちなみにこれは、日本独自の他者を敬《うやま》う文化を否定するものではありません。特に仕事をする上では、敬語や敬称を巧みに使い分けることで関係がスムーズに運ぶことも多いですし、そもそも一定程度の距離があって当然の関係なので「苗字プラス敬称」のほうがいいでしょう。しかし、仕事の習慣を引きずってプライベートの仲間にまで敬称を使うのは明らかにおかしいと思います。

よく「大人になってから友達をつくるのは難しい」と嘆く人がいますが、そのかなりの部分は、互いを「苗字プラスさん付け」で呼び合っていることに原因があるのではないでしょうか。

いきなり下の名前で呼ぶことには抵抗があるかもしれませんので、まずはチームのような仲間内で「苗字プラスさん付けは禁止」とルールをつくるなどして、互いの間にある壁を取り払いましょう。たったそれだけの取り組みで、いい仲間、ゆるい仲間ができるはずです。

習慣 49

# 余計な議論はしない

よく日本人の欠点として「自己主張が足りない」とか「交渉が苦手だ」といった話が取り上げられることがあります。アメリカ人のように、もっと強く自己主張すべきだ、という意見です。

たしかに、仕事の交渉事においては自己主張も大切でしょう。特に外国人との交渉では阿吽《あうん》の呼吸など通用しませんので、正々堂々と議論することが必要になります。しかし、これをプライベートにまで持ち込んではいけません。

理由は簡単で、議論を始めるとそこに必ず「勝ち負け」が生まれてしまうからです。特にプライベートでの議論はこれが顕著で、ビジネスなら「企画を通す」とか「契約を取る」といった目的があるのですが、プライベートではただただ相手を言い負かすことが目的になりがちです。

そして、目的もルールもないのに勝ち負けを競うとなれば喧嘩と同じなので、たとえ本人は冷静に議論しているつもりでも段々ヒートアップしていきます。そのため、議論に勝とうが負けようが、とてつもないストレスにさらされてしまうのです。

もっとも、世の中には議論好きな人も大勢いて、こちらがなにもしていないのに議論を吹っかけられることもあるでしょう。

そういう時には、まず世の中にはいろいろな考えや価値観がある、ということを思い出しましょう。相手に同意する必要はありませんが、こうなんだと言われても、ちがう考え方もあるのだと思えればいいのです。

余計な議論に参加することなく、勝ち負けを意識することなく、自然体のままコミュニケーションをとりたいものです。

習慣50

# 何事も子どもとお年寄り優先で

仕事が忙しくて心も身体も疲れてくると、つい気づかないうちに自分勝手な行動をとってしまうものです。たとえば、電車で目の前に子どもやお年寄りが立っているのに席を譲らず寝たふりをしている人。もちろん忙しかったり疲れていたりと事情はあるのでしょうが、そうやって忙しさを言い訳にすること自体、心が余裕を失っている証拠です。きっと自分が気づかないだけで、その他多くの場面で「忙しいから」「疲れているから」と、自分勝手な行動をとっているのではないでしょうか。

そこで、今後は「どんなに忙しく疲れていても、子どもとお年寄りは優先する」という決め事を意識するようにしましょう。いまさらそんなこと言われたくないと思うかもしれませんが、ここでの子どもやお年寄りは、**あなたの精神状態を測るためのバロメーター**のようなものです。

もしも子どもやお年寄りにさえ優しくできないようであれば、あなたは相当疲れているのでしょうし、いますぐ軌道修正が必要です。電車の席くらいなら大目にみてもらえても、仕事やプライベートで大きな失敗をする可能性があるでしょう。

一方、たとえ疲れていても子どもやお年寄りに優しく接することができれば、すぐに悪循環を脱していつもの自分を取り戻すことができます。

公共の場で子どもやお年寄りを優先するのは、いわば当たり前のことです。ただ、その当たり前がなかなかできず、気忙しさの中で忘れがちになることも、また事実でしょう。**物事を「わかっている」ことと、「できている」ことは、まったく別物なのです。**ハワイにいると、子どもとお年寄り優先は絶対です。弱い人にやさしくするのが当然だからです。

また、電車でとにかく座ろうとする意識が強いと、どこかに空席ができないか常に目を光らせたり他人と争ったりで心が安まるヒマがありません。だったら物事は考えようで、数駅くらいの移動では座らないと決めていたほうが、イライラすることもなくなります。忙しさや疲れを言い訳に自分勝手になることなく、常に譲り合いの精神を忘れないようにしましょう。結局はそれがストレスのない毎日につながるのです。

習慣 51

# 年賀状を書かない

わたしは、もう20年以上前から年賀状を書かないようにしています。仕事上の大切な相手であれ、プライベートの仲間であれ、年賀状は出しません。こういう話をすると「さすが面倒くさがりやだ」と思われるかもしれませんが、わたしが面倒くさいのは年賀状を書く労力ではなく、**そこにまつわる対人関係のストレスなのです。**

年賀状なんて、いまではパソコンとプリンタがあれば簡単に印刷できます。外部に発注することもできるため、手間などほとんどかかりません。

しかし、いくら儀礼的なものだとは言っても、年賀状には感情が絡《から》みます。自分は出したのに相手は出さなかったとか、逆に出さなかった相手から年賀状をもらって慌てて返事を出すとか、余計なストレスが生まれてしまいます。人間関係を良好に保つために出しているはずの年賀状が、じつは人間関係のストレスとなるのです。

ですから、絵や写真が趣味で年賀状づくりが大好きだったりするのなら別ですが、儀礼的に出すだけの年賀状はやめてしまったほうがいい、というの

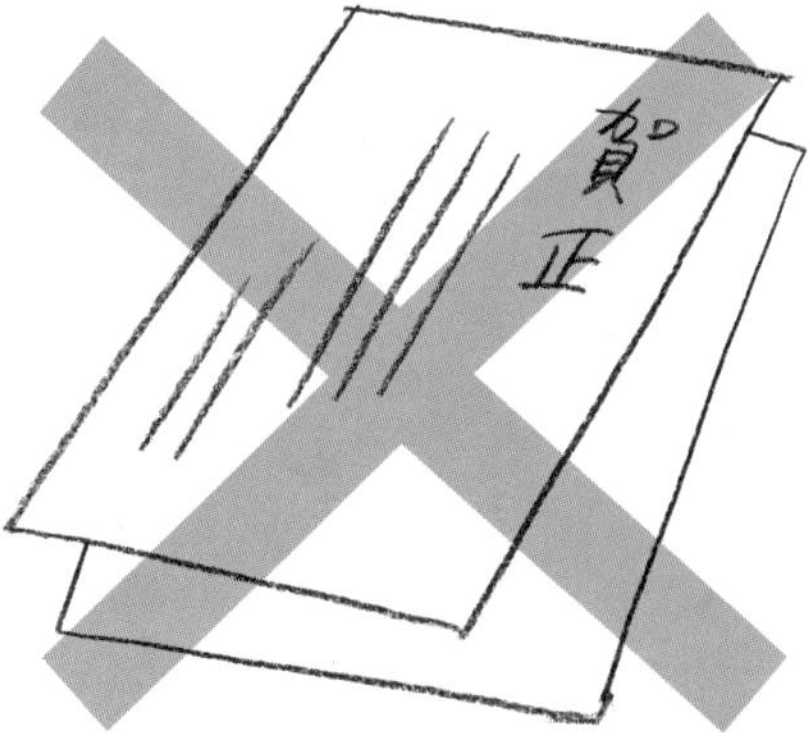


がわたしの意見です。
きっと「年賀状を出さなかったら失礼だし、それこそ関係が悪化してしまう」と思われる方もいるでしょうが、少なくとも2年も3年も年賀状を出さずにいたら、「この人は年賀状を出さない人なのだな」と受け入れてもらえるはずです。
年賀状を出すなと言うつもりはありませんが、書きたくもないのに儀礼的にやっているのなら無理する必要はないでしょう。
そしてなにより、儀礼的な年賀状をもらったところで、心から喜ぶ人はほとんどいないのです。

習慣 52

# お土産を買わない

わたしは海外や国内のどこかに出かけても、お土産を買うことはしないようにしています。もちろん誰かの誕生日や記念日などが近ければプレゼントを買ってくることはありますが、いわゆる旅行のお土産というものは買いません。

これは年賀状や中元・歳暮と同じで、お土産があまりにも儀礼的になりすぎているからです。

きっとお土産を買う人の多くは、純粋に贈り物をしたいというよりも「買わないと失礼にあたる」とか「みんな買っているから」といった消極的な理由から買っているのではないでしょうか。特に日本の古い会社の場合、部署のみんなに出張のお土産を買ってくる文化もあり、これなどはまさに義務です。

そして旅行中ずっと頭の片隅にお土産のことがあると、なかなか日常から離れることができず、リラックスやリフレッシュの機会が失われてしまいます。かといって、最終日に空港や免税店で買ってきたお土産は、いかにも安直すぎますし、もらうほうも迷惑だったりするものです。心がこもっていな

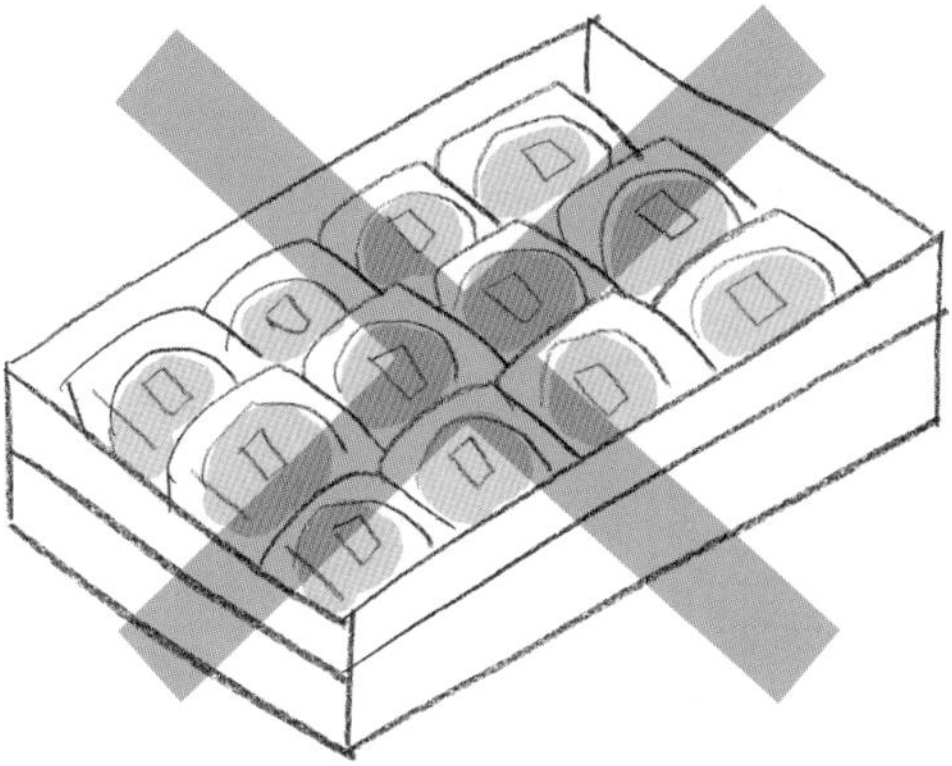

いのですから、喜ばれないのも当然でしょう。

ですから、今後は旅行を満喫するためにも儀礼的なお土産はやめましょう。買うにしても、本当にプレゼントをあげたい人に、プレゼントしたいものだけを買ってくればいいのです。

数十年前なら、海外のお土産というだけで喜ばれたかもしれませんが、いまは誰だって簡単に海外に行ける時代です。お土産に気を遣うくらいなら、普段からもっと別なことに気を遣ったほうがよほどいいでしょう。儀礼的な贈り物は、儀礼的にしか喜ばれないのです。

習慣53

# 冠婚葬祭には行かない

普段、スーツや礼服を着ることのないわたしにとって、唯一の例外ともいえる場が冠婚葬祭です。さすがにこれはライフスタイル以前の問題ですので、わたしも参列する際にはマナーをわきまえた服装を用意します。

ただ、冠婚葬祭には「参列しない」という選択肢もあるべきではないでしょうか。たとえば結婚式にしても、ほんの1度か2度しか会ったことのない方から招待を受けることがあります。そこに参列しても心から祝福することは難しいでしょうし、特に日本の場合はご祝儀《しゅうぎ》や引き出物などの慣習があるので、お互い余計な気を遣ってしまうものです。

そのためわたしは、基本的に冠婚葬祭には参列しないようにしています。

これもドライな意見に思われるかもしれませんが、そうではありません。本当に親友の結婚を祝福したければ、別途食事に招待するなどして個人的にお祝いするほうがいい、というのがわたしの考えです。

そのほうがプレゼントを直接手渡すなど、ずっと心を込めた祝福ができるし、お互いじっくり語り合うことができるのです。

そしてなにより、結婚式などは新郎新婦の側も「一応あの人にも声をかけておかないと」と儀礼的に招待している場合が多いので、それだったら礼を失しない形で断ってしまったほうがお互い気を遣わず済むでしょう。

一方、さすがにお葬式は断りづらいと思われるかもしれませんが、これも考え方次第だと思います。

義務的にお葬式に参列するよりも、後日仏前に花を手向《たむ》けに行くとか、お墓参りをするなど、個人的な弔《とむら》いの方法はいくらでもあるはずです。

ともあれ、冠婚葬祭にだって「参列しない」という選択肢はあります。さほど親しいわけでもないのに「断るのは失礼だから」と参列するのは、あまり賢明ではありません。

特に年齢を重ね、社会的な立場ができてくると冠婚葬祭の誘いは多くなりますので、どこかでラインを引くことが必要でしょう。

習慣 54

# 自己紹介ではハードルを下げておく

楽しいはずのプライベートが、なぜか素直に楽しめない。仲間と一緒にいても、いつも気が張っていて心からリラックスできない。

そんな人は、自己紹介のやり方を見直してみるといいかもしれません。

自己紹介をするとき、初対面の相手に少しでもよい印象を持ってもらおうと、自分の仕事や経歴、実績などを誇張ぎみにアピールする人がいます。あるいは、不自然なくらい明るく元気に振る舞う人も多いものです。

たしかに、こうした演出によってプラスの印象を持ってもらうこともできるかもしれませんが、今度は後が大変です。

背伸びをしたまま歩いていたら疲れるのと同じで、**高めに設定された「期待値」をキープするため、いつも頑張りすぎてヘトヘトになってしまうのです。**

もちろん仕事上での自己紹介には多少のアピールも必要かもしれませんが、プライベートで演じる必要はありません。むしろ逆に「最初はすごい人だと思ったのに、全然違った」とマイナスの評価を受けることもあります。

さらにわたしの経験から言うと、仕事やプライベートがうまくいっている

人ほど、自己紹介は控えめに済ませる傾向にあります。そのほうが相手も萎縮しないで、気軽な関係を築いていけるからです。

その人の人間性や能力などは、付き合っていけばおのずとわかってくるものです。

プライベートの自己紹介は、決して背伸びすることなく、まず低いところから始めましょう。

もしもそれであなたを軽んじる人がいたとしたら、その程度の人なのだと思えばいいわけですし、自分にウソをついてまで合わせる必要はありません。

習慣 55

# ルーチンの拘束時間をつくらない

意外に思われることが多いようですが、わたしはブログをやっていません。ブログの魅力や公私両面での威力については十分理解していますし、実際やってみたら多くのプラスがあるのはわかっているのですが、手を出していません。

メリットも多いけれど、わたしの場合は失うことの方が多いと思うからです。それは毎日の生活が制約を受けるから。

たとえば、あなたが趣味でブログを始めて「毎日更新しよう」と決めたとします。何ヶ月も放置されるようなブログでは、誰も読んでくれません。しかし、日によっては書きたくない気分のときもあるでしょうし、夜遅くまでお酒を飲んでいたかったり、そのまま寝てしまいたいこともあるでしょう。それでも「毎日更新」のルールを厳守しようとしたら、どうなるでしょうか？

個人的な趣味として始めたはずのブログが、いつしかプレッシャーになり、気乗りのしないルーチンワークになってしまいかねません。

そしてなにより、面白いブログを書こうとしたらそれなりの時間と労力をかける必要があり、毎日確実な時間的拘束を受けてしまいます。**自由を選ぼうとすれば、必ず代償を支払うことになります。**わたしの場合、ブログで得られるメリットを捨てる代わりに時間的拘束を受けない生活を選びました。

あるいは、あらかじめルーチンワークにならないような決まりをつくっておく、という方法もあります。

たとえば、わたしは仲間たちと毎週曜日を決めてランニングをしていますが、雨の日には走らないようにしています。自分の性格から考えて、雨の日まで「でも決まりだから走らなきゃ！」と無理していたら、嫌なルーチンワークと化してしまうことがわかっているからです。

このように、日常から**「絶対に〇〇しなきゃ！」という時間をなくしていくほど、毎日はラクになっていきます。**ブログも各種スクールも、あまり堅苦しく義務化せずに「夜11時を過ぎたら書かない」や「雨が降ったら休む」など、適度に息抜きできるようにしておいたほうが結果として長続きするでしょう。

習慣56

# ゆっくりと話す

普段どんな言葉を使うかと同じくらい気をつけたいのは、「どれくらいのスピードで話すか」という問題です。

ハワイで地元のハワイアンたちと話していると、彼らが非常にゆったりとした口調で話すことに気づかされます。一方、ニューヨークのような大都市に住む人たちは、総じて早口になります。おそらく日本でも、自然の豊かな農村で暮らす人々と、都心で働く人々では、しゃべるスピードが違うのではないでしょうか。

**口調が人の心に与える影響は非常に大きくて、ゆっくりとしたペースで話していると焦りやストレスはほとんど感じません。リラックスした状態で、自分の考えを正確に伝えることができます。**

一方、早口でしゃべっているとどうしても心に負荷がかかって、焦りやストレスを生んでしまいます。そしてストレスを感じるほど、もっと早口になってしまうのです。たとえば、激しい口論をしている人たちは、どんどん早口になっていきます。興奮で早口になり、早口でしゃべることがさらなる興奮を招くのです。

それでは、どうして早口になると興奮やストレスを感じてしまうのでしょうか？　答えは簡単で、早口ではうまく呼吸することができず、一種の酸欠状態になるからです。そして、ゆったりとしたペースでしゃべっていれば十分な呼吸が確保されるため、興奮することもストレスを感じることもありません。ちょうど、しゃべりながら軽い深呼吸をしているような状態です。

また、これは多くの方が経験的にわかっていることでしょうが、「人は嘘をつくときに早口になる」という心理学のデータもあります。嘘をごまかそうとしたり、嘘をついている状況に緊張したりするため、どうしても早口になってしまうのです。ですから、たとえそんなつもりはなくとも、早口でしゃべっていると嘘っぽく聞こえたり、信頼性に欠けてしまったりします。

どうしても早口になるという人は、まず言葉と言葉のあいだに「間」を空ける意識を持ちましょう。それをくり返していくうちに、リラックスしてゆったりとしゃべることができるようになるはずです。

習慣57

# 朝はテレビをつけない

朝の時間帯をどのように過ごすかは、その日1日のパフォーマンスに大きく影響する大切な要素です。いったん家を出てしまえば、もう日常の流れに組み込まれて工夫の余地が少なくなってしまうので、「起きてから家を出るまでの時間をどう過ごすか？」が問題になります。

そこで、朝を気分よく過ごす簡単な方法として**「朝はテレビをつけない」**という習慣を試してみましょう。

朝の時間帯、テレビ各局は情報番組を放送しています。そして視聴者がテレビをつける時間がまちまちであることを考慮して、同じニュースを数十分ごとにくり返し伝えるようになっています。これは早い時間から起きている人間にとっては、情報の垂れ流しに過ぎません。また、民放の情報番組のほとんどはワイドショー的なスタイルをとっており、視聴者の感情を煽る演出がかなり露骨になっています。

その結果、朝から陰惨な事件や芸能情報ばかりを何度もくり返し聞かされることになるのです。これで気分よくなれというほうが無理な相談でしょう。

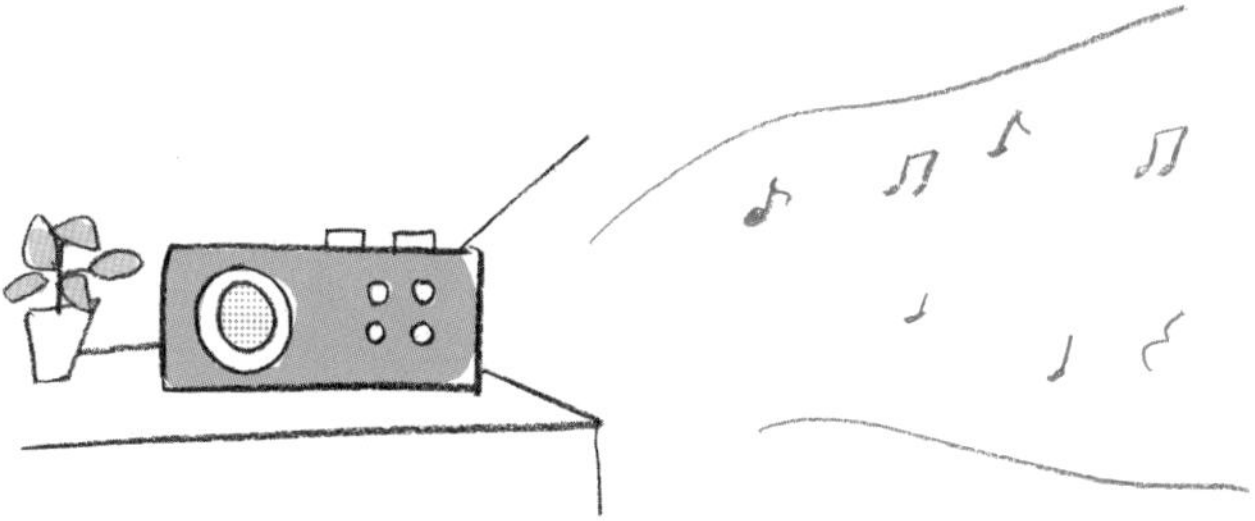

ですから、せめて朝だけはテレビを見ないようにしましょう。

もしも天気予報や交通情報が知りたければ、ラジオをつけておけばいいのです。テレビと違って、朝のラジオは落ち着いたトーンで必要な情報だけを伝えてくれます。

朝らしい音楽も流してくれるので、気分よく準備を進められるはずです。

また、テレビは基本的に垂れ流し系の受動的メディアです。そのため、夜の番組についても「見たい番組だけを録画して、好きな時間に見る」という能動的な向き合い方が重要になります。

習慣
58
# 疲れても完全休養しない

先週の週末、あなたはなにをしていましたか？

もし「疲れていたから家でゴロゴロしていた」というのなら、質問です。果たしてその休息で、疲れは取れたでしょうか？

近年、スポーツ医学の世界では「アクティブレスト」という概念が重要視されるようになっています。アクティブレストとは文字通り「積極的な休養」のことで、たとえば激しい運動をした後に完全な休養をとってしまうと、なかなか疲れが抜けてくれません。ところが、運動後にジョギングなどの軽い運動で筋肉に刺激を与えると、比較的早く疲れが回復していくのです。

これはハードな運動にかぎった話ではありません。仕事で疲れた週末にゴロゴロしたところで気分も晴れないままですし、身体の疲れも抜けないまま月曜日を迎えることになります。あるいは、旅行先でも疲れたからといってホテルの部屋から一歩も出なければ、いつまでも倦怠感が抜けません。

そうではなく、**疲れているからこそ外に出て、アクティブレストで身体を動かすべきなのです。**

特別なことをする必要はないので安心してください。ジョギングのような軽い運動はもちろん、海や山に出掛けるのでも結構ですし、買い物ついでに散歩するのもいいでしょう。もしも天候がすぐれなければ、ゆっくりとお風呂に入って念入りにストレッチするだけでもずいぶん違います。とにかく心と身体に適度な刺激を与えることが、夜の深い睡眠にもつながり、疲労回復の近道となるのです。

いちばんよくないのは、せっかくの週末を「空白の1日」にしてしまうこと。どこに出掛けるわけでもなく、家でダラダラと時間だけを浪費することは、一見完全な休養をとっているように思えますが、じつは疲れた状態をキープしているだけで、なんの休養にもなりません。むしろ疲れを増幅している可能性さえあります。

しばしば「日本人は休暇の過ごし方が下手だ」といわれますが、アクティブレストの概念さえ頭に入っていれば、休日をどう活用するべきかわかってくるはずです。ぜひ次の週末から試してみてください。

習慣 59

# 早寝早起きではなく「早起き早寝」を

もしもあなたが、毎朝出社のギリギリまで寝ているとしたら、毎日を確実に損していると思って間違いないでしょう。気分的にはギリギリまで寝ているほうが得した気がするかもしれませんが、じつはまったくの逆効果なのです。

これは脳や身体の仕組みから簡単に説明できることで、目が覚めてからの数時間は脳がもっとも充実している時間帯です。そのため、仕事も勉強も午前中のうちにさっさと済ませたほうが効率もいいし、実際いい結果にもつながるし、午後をゆっくりと過ごすことができます。

さらに、先にも述べたように朝ドタバタと準備をしていると自律神経のバランスが崩れてしまい、1日のパフォーマンスが大きく損なわれてしまいます。できるだけ早い時間に起き、余裕を持って準備をすることが、充実した1日の基礎をつくってくれるのです。

しかし、かつてのわたしがそうだったように世の中には早寝早起きが苦手だという人も大勢います。いくら早い時間に寝ようとしても寝つけず、つい夜更かしをして翌朝ギリギリまで寝てしまう、という人たちです。

この対策も簡単で、要は「早寝早起き」という順番が間違っているのです。そうではなく**「早起き早寝」こそが、無理のない睡眠サイクルをつくるコツになります。**つまり何時に寝ようとひとまず早い時間に起きる。そして太陽の光を浴びると、脳の中にある体内時計がリセットされ、驚くほどスッキリした目覚めが得られます。さらに、そのまま1日を過ごすと、夜にはメラトニンという脳内物質が分泌されて比較的早い時間に眠気がやってきます。

こうして「早起き早寝」のサイクルをくり返していけば、ほどなく理想的な睡眠習慣が身につくでしょう。

わたしの場合、この習慣を徹底するため毎晩部屋のカーテンを開けたままベッドに入り、部屋に朝日が差し込んでくると同時に起きるようにしています。

充実した毎日を送りたければ、まず朝の習慣を見直すことです。夜更かしのサイクルが身についている人ほど、「早起き早寝」をやってみましょう。

習慣60

# 積極的に他者をほめる

本書の最後は「積極的に他者をほめる」という、シンプルな習慣で締めくくりたいと思います。

ゆるく生きること、そしてストレスフリーでハッピーに生きること。これは自分ひとりでできることではありません。何度もくり返しているように、**人間の感情は伝染するものなので、自分が幸せであるためには周囲の人も幸せでないとなかなか難しいのです。**

そこで、仕事仲間であれ友人や家族であれ、周りの人たちを積極的にほめていくようにしましょう。これはおべっかやお世辞を使っているのではなく、その場を明るくするための最短ルートなのです。

誰だって、ほめられて嬉しくない人はいません。ほめられるということは認められることであり、人はみな「他者から認められたい」という承認欲求を持っています。これはお金や食べ物では満たされない、高次な欲求です。

また、ほめるために相手のいいところを探すというプロセスにも、多くのメリットがあります。たとえば他者の欠点ばかりを見ようとする人は、人間関係がちっとも面白くなりません。これもカラーバス効果で、入ってくるのは相手のネガティブな情報だけなので、他者と接していてもストレスがたまるばかりです。

一方、他者のいいところだけを探そうとする人は、相手のポジティブな情報だけしか頭に入ってきませんから、人付き合いが楽しくなります。よく言われる「相手の長所を探せ」という教えは、他者とのコミュニケーションを好きになるための条件でもあるのです。

そしてほめることが習慣化していくころには、あなたの周りにいい循環ができているはずです。実際、スポーツの世界でいい成績を残しているチームは、お互いのいいところをほめ合う文化ができていますし、それができないチームは成績も悪くなってしまいます。

周囲の人の笑顔があってこそ、自分も笑顔になれるのだということを頭に入れ、今後は積極的にほめていく意識を持ちましょう。

本作品は小社より二〇一〇年六月に刊行されました。

**本田直之**（ほんだ・なおゆき）
レバレッジコンサルティング株式会社代表取締役
シティバンクなどの外資系企業を経て、バックスグループの経営に参画し、常務取締役としてJASDAQ上場に導く。現在は、日米のベンチャー企業への投資育成事業を行う。ハワイ、東京に拠点を構え、年の5ヶ月をハワイ、3ヶ月を東京、2ヶ月を日本の地域、2ヶ月をヨーロッパを中心にオセアニア・アジア等の国々を旅しながら、仕事と遊びの垣根のないライフスタイルを送る。これまで訪れた国は61ヶ国220都市を超える。
著書に、レバレッジシリーズをはじめ、「オリジナリティ　全員に好かれることを目指す時代は終わった」「人生を変えるサウナ術」等があり、著書累計300万部を突破し、韓国・台湾・香港・中国・タイで翻訳版も発売。
サンダーバード国際経営大学院経営学修士（MBA）、明治大学商学部産業経営学科卒、㈳日本ソムリエ協会認定ソムリエ、アカデミー・デュ・ヴァン講師、フィンランドサウナアンバサダー、明治大学・上智大学非常勤講師、アミューズ所属。

だいわ文庫

**ゆるい生《い》き方《かた》**
ストレスフリーな人生《じんせい》を手《て》に入《い》れる60の習慣《しゅうかん》

著者　本田《ほんだ》直之《なおゆき》

二〇二〇年一月一五日第一刷発行

発行者　佐藤靖
発行所　大和《だいわ》書房
東京都文京区関口一ー三三ー四 〒一一二ー〇〇一四
電話 〇三ー三二〇三ー四五一一

フォーマットデザイン　鈴木成一デザイン室
執筆協力　古賀史健
本文デザイン　小林祐司
本文イラスト　須山奈津希
本文印刷　歩プロセス　カバー印刷　山一印刷
製本　ナショナル製本

ISBN978-4-479-30797-6
乱丁本・落丁本はお取り替えいたします。
http://www.daiwashobo.co.jp